Susanne Mueller (Hg./ Éd.)

Frankreich in Frankfurt

& RheinMain

Frankfurt City International Band 1

La France à Francfort

et dans la région Rhin-Main

Francfort City International Tome 1

Susanne Mueller (Hg./Éd.)

Frankreich in Frankfurt

& RheinMain

Frankfurt City International Band 1

La France à Francfort

et dans la région Rhin-Main

Francfort City International Tome 1

Cross Culture Publishing

Frankfurt am Main 2015

Die Deutsche Bibliothek - CIP Einheitsaufnahme
Ein Titeldatensatz für diese Publikation ist im Internet
bei der Deutschen Bibliothek erhältlich. **www.dnb.de**

ISBN 978-3-939044-18-5

© Cross-Culture Publishing, Dr. Susanne Mueller
3. Auflage, Frankfurt/Main 2015

www.cc-publishing.com

3. Auflage, Frankfurt/M. 2015
Editorial Assistant: Marc de la Fouchardière, Azeno Frankfurt/M.
Layout: Dr. Susanne Mueller, Marius Weber
Cover: Marius Weber, Bukarest
Druck: Graspo CZ, a.s., Zlín, www.graspo.com

Sehr geehrte Damen und Herren,

ich begrüße Sie recht herzlich in Frankfurt am Main, der dynamischen und internationalen Finanz- und Messestadt mit der imposantesten Skyline Deutschlands. Dieses Bild verbinden viele Menschen mit der Mainmetropole.

Doch unsere Stadt im Herzen Deutschlands und Europas hat noch viele weitere Facetten und vielseitige Kontraste zu bieten. Unweit der Hochhäuser finden Sie gemütliche Ebbelwoi-Kneipen und inmitten der geschäftigen Innenstadt immer wieder historische Sehenswürdigkeiten. Frankfurt ist nicht nur stolz auf den berühmtesten Sohn der Stadt, Johann Wolfgang von Goethe. Hier stehen auch der Kaiserdom und die Paulskirche, die Wiege der deutschen Demokratie. Interessante Ausflugsziele in und um Frankfurt machen Ihren Aufenthalt zu einem großen Erlebnis und Sie werden gerne wieder kommen und vielleicht auch bleiben.

Herzlich willkommen in Frankfurt am Main!

Peter Feldmann

Oberbürgermeister der Stadt Frankfurt am Main

Mesdames, Messieurs,

permettez-moi de vous souhaiter la bienvenue à Francfort-sur-le-Main, une ville commerciale et financière dynamique et internationale avec le skyline le plus emblématique d'Allemagne. Cette image unit de nombreuses personnes avec la métropole sur les bords du Main.

Mais notre cité au cœur de l'Allemagne et au cœur de l'Europe a encore plus de facettes et d'images contrastées à offrir. Les cafés conviviaux où l'on sert le vin de pomme, l'ebbelwoï, et des curiosités historiques sont à quelques pas du centre-ville et de ses commerces. Francfort est fière de son fils le plus célèbre, Johann Wolfgang von Goethe. Elle s'enorgueillit également d'abriter la cathédrale où étaient sacrés les empereurs et l'église Saint-Paul, berceau de la démocratie allemande. Les destinations intéressantes dans et autour de Francfort feront de votre séjour à Francfort un grand événement. Vous y reviendrez volontiers et, pourquoi pas, pour y rester.

Soyez les bienvenus à Francfort-sur-le-Main !

Peter Feldmann

Maire de la ville de Francfort-sur-le-Main

Guten Tag!

Sind Sie gerade in Frankfurt angekommen, um für einige Zeit hier zu leben und zu arbeiten und nun auf der Suche nach den offiziellen Vertretungen Ihres Landes?

Sind Sie Französin oder Franzose, frankophon oder frankophil, und haben den Wunsch, sich einer Gemeinschaft anzuschließen, aus beruflichen Gründen oder für Ihre Freizeit?

Sie suchen einen Berater, einen Anwalt oder einen Arzt, der Ihre Sprache oder die Ihres frankophonen Partners spricht, oder ein Hotel mit französischem Flair für einen Gast?

Sie möchten einen ersten Kontakt mit Geschäftspartnern herstellen oder bestehende Verbindungen festigen – bei einem echt französischen Mittagessen?

Kennen Sie die französische Schule in Frankfurt, und die französischen Kirchengemeinden?

Wissen Sie, wo man französische Bücher und Zeitungen kaufen kann?

Haben Sie Sehnsucht nach den kleinen französischen Cafés, wo man seine Zeitung lesen und dabei einen Kaffee trinken kann?

Würden Sie manchmal gern einen französischen Film oder ein Theaterstück in französischer Sprache sehen?

Kennen Sie die historischen Orte der Franzosen in Frankfurt?

Wenn Sie auf eine der Fragen mit JA geantwortet haben, dann ist *Frankreich in Frankfurt* für SIE gemacht.

Das Buch *Frankreich in Frankfurt & RheinMain*
wird Ihnen ein wertvoller Helfer sein.

Dieses Buch ist das Ergebnis bemerkenswerter deutsch-französischer Zusammenarbeit.

Verlag und Herausgeberin danken auf diesem Wege allen, die zum Entstehen dieser aktualisierten und veränderten dritten Auflage des Buches *Frankreich in Frankfurt & RheinMain* beigetragen haben.

Besonderen Dank für die Unterstützung möchten wir folgenden Organisationen und Personen aussprechen:

Frau Generalkonsulin Sophie Laszlo für die Wertschätzung, die sie dem Buch bewies, indem sie es durch ihr Interview bereicherte.

Herr Oberbürgermeister Peter Feldmann gab dem Buch durch seinen Gruß an die Leser hohen Wert als PR Medium für sein Amt als auch für alle Frankophonen und Frankophilen der Mainmetropole: sowohl als Einwohner wie als Gäste.

In *Herrn Dr. Frank Berger,* langjähriger Kurator des Historischen Museums Frankfurt, schätzen wir den denkbar besten Autor des gesamten historischen Teils des Buches.

Herr Marc de la Fouchardière, Inhaber des Übersetzungsdienstes azeno, betreute den gesamten französischsprachigen Teil des Buches mit seiner professionellen Kompetenz.

Alle französischen Firmen, die in den Teilen 4 und 9 des Buches präsent sind, wählten dieses Buch als ihr PR Medium und sicherten mit ihren Beiträgen wesentlich die materielle Produktion dieses Buches. Das größte Engagement bewiesen die *Constantin GmbH* und die *ASVF GmbH Baguette & Traiteur Jeanette.* Wir wünschen ihnen allen viel Erfolg mit dem Buch bei ihren Kunden.

Möge diese dritte Auflage auch viele neue Freunde finden und die deutsch-französische Freundschaft festigen.

Dr. Susanne Mueller
Verlegerin und Herausgeberin
Frankfurt am Main, Mai 2015

Bonjour !

Vous êtes nouveau venu à Francfort pour y vivre
ou pour y travailler quelques temps
et vous êtes à la recherche des représentations
officielles de votre pays ?

Vous êtes Français, francophone ou francophile
désireux de joindre une communauté
pour des raisons professionnelles ou pour vos loisirs ?

Vous recherchez un consultant, un avocat ou un médecin
qui parle votre langue ou celle de votre partenaire francophone ou un
hôtel avec le charme français pour un invité ?

Vous cherchez à établir un premier contact avec des partenaires
d'affaires ou à resserrer les liens existants à l'occasion d'un déjeuner
authentiquement français ?

Connaissez-vous les écoles et Églises françaises à Francfort ?

Savez-vous où se vendent des livres et des journaux français ?

Avez-vous la nostalgie des petits cafés français où l'on peut lire son
journal en buvant un café ?

Aimeriez-vous de temps à autre assister à un film ou à un spectacle en
langue française ?

Si vous avez répondu OUI à l'une des questions,
alors, *La France à Francfort* est faite pour VOUS !

La France à Francfort et dans la région Rhin-Main
vous sera un guide précieux.

Ce livre est le résultat d'une remarquable
coopération franco-allemande.

Les éditions et l'éditrice tiennent à remercier ici tous ceux qui ont
contribué à cette troisième édition mise à jour et modifiée du livre
La France à Francfort et dans la région Rhin-Main.

Nous adressons tout particulièrement nos remerciements pour leur
soutien aux organisations et personnes suivantes :

Madame la Consule générale de France Sophie Laszlo
qui nous témoigne ainsi son estime et enrichit le contenu
de l'entretien qu'elle nous a accordé.

M. le maire Peter Feldmann dont le mot introductif souligne
la valeur promotionnelle de cet ouvrage pour la ville de Francfort et
pour tous les francophones et francophiles de notre métropole des
bords du Main, aussi bien les habitants que les visiteurs.

La partie historique du livre ne pouvait pas rêver
d'un meilleur auteur que le *Dr. Frank Berger,* conservateur
de longue date du Musée historique de Francfort.

M. Marc de la Fouchardière, propriétaire du bureau de
traduction azeno, a supervisé de sa compétence
professionnelle la partie linguistique de l'ouvrage.

Toutes les entreprises françaises qui ont choisi de se
présenter dans la 4ème et 9ème partie de ce livre en ont permis
essentiellement la production matérielle par leurs contributions.
Un grand merci va en particulier à *Constantin GmbH*,
ainsi qu'à A*SVF GmbH Baguette & Traiteur Jeanette.*
Nous leur souhaitons á tous grand succès avec le livre
auprès de leurs clients.

Nous espérons que ce livre trouvera beaucoup de nouveaux amis
et consolidera encore davantage l'amitié franco-allemande.

Dr. Susanne Mueller
Éditrice et rédactrice
Francfort-sur-le-Main, Mai 2015

Inhalt

Sommaire

Teil 1
Frankreich in Frankfurt

Partie 1
La France à Francfort

Francfort vu d'en haut

Frankfurt von oben gesehen

Offizielle Vertretungen Frankreichs in Frankfurt am Main

Französisches Generalkonsulat Frankfurt am Main
Consulat général de France à Francfort-sur-le-Main

Zeppelinallee 35
60325 Frankfurt am Main
Fon: +49 (0)69 79 50 96 0
Fax: +49 (0)69 79 50 96 – 46

Web: www.consulfrance-francfort.org
U-Bahn/Métro: U4, U6, U7 HH Bockenheimer Warte
Tram 16: HH Bockenheimer Warte

Öffnungszeiten/Heures d'ouverture au public:
Mo/Lu, Di/Ma, Mi/Me, Fr/Ve: 08:45-12:00 Uhr/h
Do/Je: 08:45-12 Uhr/h und 14:00-15:30 Uhr/h

Représentations officielles de la France à Francfort-sur-le-Main

CCFA
Französische Außenhandels-
kammer in Deutschland
Chambre de Commerce et
d'Industrie Française en Alle-
magne e.V.
Strategy & Action International
GmbH

Sitz/Siège
Lebacher Strasse 4, D -66113 Saarbrücken
Fon: +49 (0) 681 99 63 0
Fax : +49 (0) 681 99 63 111
Email: info@ccfa.de
Web: www.ccfa.de

Büro/Office Frankfurt am Main/Francfort-
sur-le Main
Walter-Kolb-Straße 9-11, D-60594 Frankfurt
am Main
Fon: +49 (0)69 96 21 760
Fax: +49 (0)69 96 21 76 20
Email: info@ccfa.de
Web: www.ccfa.de

Öffnungszeiten/Heures d'ouverture au public
Mo/Lu-Fr/Ve: 08:30-12:30, 13:30-16:30 Uhr/h
U-Bahn U1,2,3,8 HH Schweizer Platz

Strategy & Action International
GmbH
Saarbrücken + Frankfurt am Main
c/o Französische Außenhandelskammer in
Deutschland
Chambre de Commerce et d'Industrie
Française en Allemagne e.V.
Email: info@e-netmail.com
Web: www.strategy-action.com/

ATOUT FRANCE.
Französische Zentrale für
Tourismus

Postanschrift/Adresse postale:
Postfach 100128
D-60001 Frankfurt am Main
Fon: +49 (0)69 97 58 01 74,
Fax: +49 (0)69 74 55 56,
Email: promotion.de@atout-france.fr
Web: http://de.rendezvousenfrance.com

Institut Français d'Histoire en
Allemagne (IFHA)

Öffentlicher Empfang /Accueil du public:
Campus Westend - IG Farbenhaus - 5.352
U-Bahn : Holzhausenstraße
Fon: +49 (0)69 798 31 900
Web: www.institutfrancais.de/frankfurt,
www.ifha.fr

Postanschrift/Adresse postale :
Institut français d'histoire en Allemagne
(IFHA)
Goethe-Universität
Norbert-Wollheim-Platz 1 | IG-Postfach 42
D - 60629 Frankfurt/Main

La France et Francfort

Les noms géographiques de FRANCE et FRANCFORT ont une origine commune.

Le nom des tribus des Francs a été mentionné pour la première fois, au 3ème siècle après J. C., par des écrivains romains, dans le cadre de la progression des tribus germaniques vers le Rhin.

Le mot *franc* a plusieurs significations similaires : *le courageux*, *l'audacieux*, *l'impétueux* ou *l'impertinent*. C'est seulement après la fondation d'un État franc que la signification de *franc* a changé pour signifier *libre.*

Au début du moyen-âge, le territoire des Francs a été nommé FRANCIA. C'est l'origine du nom de la FRANCE d'aujourd'hui.

La signification de FRANCFORT est assez claire. Mentionné pour la première fois dans un document de Charlemagne en 794, le nom FRANCONOFURD désigne une colonie de FRANCS qui est située près d'un gué qui traverse le Main. Avant l'arrivée des FRANCS dans cette région et leur progression continue vers l'est, ce territoire a été habité par une population alémanique.

Il est possible qu'au début du moyen-âge, les habitants de FRANCFORT et la population de l'empire des FRANCS entre le Rhin et la Loire aient utilisé une langue – germanique – commune.

Frank Berger
Conservateur du Musée historique de Francfort

Frankreich und Frankfurt

Die geographischen Begriffe FRANKREICH und FRANKFURT haben eine gemeinsame Herkunft.

Der Name des Volkes der Franken wurde erstmals im späteren 3. Jahrhundert n. Chr. von römischen Schriftstellern verwendet, und zwar anlässlich des Vordringens germanischer Stämme gegen den Rhein.

Das Wort *Franke* hatte mehrere ähnliche Bedeutungen: *der Mutige*, *der Kühne*, *der Ungestüme* oder *der Freche*. Erst nach der fränkischen Staatsbildung wurde es mit der Bedeutung *der Freie* angegeben.

Im Frühmittelalter wurde das Siedlungs- und Herrschaftsgebiet der Franken FRANCIA genannt. Dies ist die Grundlage des Namens FRANCE für FRANKREICH.

Ebenfalls eindeutig ist die Bedeutung des Wortes FRANKFURT. Erstmals in der Urkunde Karls des Großen von 794 als FRANCONOFURD erwähnt, kennzeichnet der Begriff eine Ansiedlung fränkischer Bevölkerung an einer Furt durch den Main. Dieses Gebiet war ursprünglich von alemannischer Bevölkerung bewohnt, bevor sich die Franken hierhin und viel weiter östlich ausdehnten.

Es ist denkbar, dass im Frühmittelalter die fränkischen Bewohner des Ortes FRANKFURT und die Bevölkerung des FRANKENREICHES zwischen Rhein und Loire noch eine gemeinsame – germanische – Sprache benutzten.

Frank Berger
Kurator des Historischen Museums Frankfurt

Frankreich in der Region RheinMain: energische Gemeinschaft und dynamische Wirtschaft

Interview mit der französischen Generalkonsulin in Frankfurt am Main, Frau Sophie Laszlo

CCP: Frau Generalkonsulin, Sie sind die Repräsentantin der Republik Frankreich für Hessen und Rheinland-Pfalz. Wie viele französische Staatsbürger leben in diesen beiden Ländern?

Sophie Laszlo: In Hessen leben ca. 19.000 und in Rheinland-Pfalz ca. 10.500 Franzosen. Das sind fast 20% aller in Deutschland lebenden Franzosen und davon haben 40% beide Staatsangehörigkeiten. Die französische Gemeinschaft ist hier sehr aktiv.

CCP: Kommen die hier lebenden französischen Bürger überwiegend aus den grenznahen französischen Departements, wie dem Elsass und Lothringen, oder aus ganz Frankreich?

SL: Aufgrund der geographischen Nähe zu Frankreich kann man in Rheinland-Pfalz einen kleinen Anstieg der Franzosen beobachten, die aus grenznahen Gebieten stammen. Die grenzüberschreitende Kooperation ist dort sehr bedeutend. In Hessen ist der Unterschied aber bereits weniger deutlich. Die Elsässer, die Sie erwähnen, sind jedoch sehr präsent in Frankfurt.

CCP: Könnten Sie etwas darüber sagen, mit welchen Motiven die Franzosen in das RheinMain-Gebiet kommen?

SL: Da sich die Region RheinMain durch eine florierende Wirtschaft und eine gute Lebensqualität auszeichnet, kommen die meisten Franzosen langfristig hierher.

CCP: Wie viele französische Firmen sind eigentlich in Frankfurt bzw. in Hessen und in Rheinland-Pfalz ansässig?

SL: Nach Schätzungen liegt die Zahl französischer Unternehmen in Hessen bei 440 und in Rheinland-Pfalz bei 150, die zusammen ca. 50 000 Arbeitnehmer beschäftigen. Der Club des Affaires de la Hesse ist ein sehr guter Beweis der starken französischen wirtschaftlichen Präsenz.

CCP: Konzentriert sich die französische Präsenz in diesen beiden Bundesländern auf bestimmte Wirtschaftssektoren?

SL: Die französische Präsenz orientiert sich natürlich an den führenden Branchen in beiden Ländern. Hessen ist für seine starke Wirtschaft, vor allem in der Finanz-, Automobil-, Pharma- und Kommunikationsbranche bekannt. Rheinland-Pfalz ist vor allem in der Industrie- und Chemiebranche stark. In allen diesen Sektoren zählen wir zahlreiche Franzosen und französische Firmen.

CCP: Welche Ziele haben Sie sich gesetzt für Ihre Amtszeit zur Förderung der deutsch-französischen wirtschaftlichen Zusammenarbeit?

SL: Die französische und deutsche Demografie ergänzen sich. Wir haben talentierte Absolventen, Deutschland braucht Fachkräfte. Seit einem Jahr organisieren wir deswegen die „Deutsch-französischen Talente Treffen", eine Reihe von Bewerbungsgesprächen zwischen jungen französischen Absolventen und Firmen mit Sitz in Deutschland. Wegen des großen Erfolgs der beiden ersten Ausgaben, organisieren wir Ende dieses Jahres noch zwei weitere. Wir haben vor, diese Initiative auch in 2016 weiterzuführen.

CCP: Und zuletzt noch eine persönliche Frage. Was gefällt Ihnen an Frankfurt am Main und Ihrem Leben in dieser Stadt?

SL: Ich fühle mich sehr wohl in Frankfurt. Ich kann die Willkommenskultur der Region bezeugen. Frankfurt ist eine grüne Stadt, nicht nur aufgrund der leckeren Grünen Soße. Frankfurt ist auch eine Stadt der Kultur und ich freue mich bereits auf die Buchmesse 2017, bei der Frankreich Gastland sein wird.

CCP: Vielen Dank, Frau Generalkonsulin, für Ihre interessanten Ausführungen. Sie tragen dazu bei, das Wissen unserer Leser über Frankreich in Frankfurt & RheinMain zu präzisieren und geben vielleicht einen Anstoß für neue Ideen in der deutsch-französischen Zusammenarbeit.

Französisches Generalkonsulat in Frankfurt am Main
Zeppelinallee 35 - 60325 Frankfurt am Main
Fon: +49 (0)69 79 50 96 0
Web: www.consulfrance-francfort.org

La France dans la région Rhin-Main : vitalité de la communauté et dynamisme économique

Entretien avec la Consule générale à Francfort sur le Main, Madame Sophie Laszlo

CCP : Madame la Consule générale, vous êtes la représentante de la France auprès des autorités de Hesse et Rhénanie-Palatinat. Combien de Français vivent dans ces 2 Länder ?

SL : En Hesse vivent environ 19.000 Français, en Rhénanie-Palatinat près de 10.500. Ensemble, ils représentent presque 20% des Français installés en Allemagne. Il faut noter que 40% d'entre eux ont la double nationalité franco-allemande. La communauté française se démarque par sa grande vitalité.

CCP : Est-ce que les Français qui vivent ici viennent plutôt des régions frontalières, telles l'Alsace et la Lorraine, ou bien de toute la France ?

SL : En Rhénanie-Palatinat, nous pouvons observer une plus forte représentation de Français originaires des régions frontalières. Rappelons que la coopération transfrontalière occupe une place prépondérante dans le quotidien de cette région. Par contre, en Hesse, nous pouvons partir du principe que cette différence s'estompe. Mais sachez que les Alsaciens que vous mentionnés sont très présents et actifs à Francfort.

CCP : Pourriez-vous préciser les motifs qui poussent les Français à venir s'installer dans la région Rhin-Main ?

SL : Ces deux Länder connaissent un essor économique très attractif, tout en proposant un cadre de vie agréable. La grande majorité des Français installés ici le sont durablement.

CCP : Combien d'entreprises françaises sont-elles installées en Hesse et Rhénanie-Palatinat ?

SL : D'après les estimations, pour le seul Land de la Hesse, nous dénombrons quelques 450 entreprises françaises. Pour la Rhénanie-Palatinat, elles seraient 150. Cela représente environ 50 000 emplois. Le

Club des Affaires de la Hesse est une très bonne preuve du dynamisme économique français dans ces Länder.

CCP : Dans quels secteurs se concentrent-elles ?

SL : La présence des entreprises françaises répond aux secteurs dominants de Hesse et Rhénanie-Palatinat. La Hesse bénéficie d'une attractivité économique exceptionnelle portée par les secteurs de la finance, de la construction automobile, pharmaceutique ou encore des télécommunications. La Rhénanie-Palatinat est, quant à elle, davantage tournée vers l'industrie et la chimie, sans oublier bien entendu la viticulture. Dans toutes ces branches, nous comptons donc de nombreuses entreprises françaises.

CCP : Quels sont vos objectifs en matière de coopération économique ?

SL : Je n'en citerai qu'un seul. Partant du constat de la complémentarité des marchés de l'emploi et des démographies entre la France et l'Allemagne, le Consulat général de France à Francfort a lancé en 2014 les « deutsch-französischeTalente Treffen », une série de rencontres entre jeunes diplômés français et entreprises implantées en Allemagne. Les deux premières éditions ont rencontré un vif succès, aussi préparons-nous les deux prochaines éditions pour la fin de l'année. Et nous avons bien entendu l'intention de poursuivre cette initiative en 2016.

CCP : Pour finir, une question plus personnelle. Que préférez-vous à Francfort ?

SL : Francfort est une ville très agréable. Je peux témoigner personnellement de la « Willkommenskultur » qui imprègne cette région. Francfort est une ville verte, et pas seulement en raison de sa Grüne Soße. Francfort est aussi attractive pour son offre culturelle. A ce titre, je me réjouis déjà de la Foire du Livre 2017, dont la France sera le pays invité.

CCP : Merci beaucoup, Madame la Consule générale. Vous avez apporté un éclairage précieux sur la place de la France à Francfort et plus largement dans la région Rhin-Main. Et vous nous avez donné de nouvelles idées pour développer, encore et toujours, la coopération franco-allemande.

Consulat général de France à Francfort
Zeppelinallee 35 - 60325 Frankfurt am Main
Fon : +49 (0)69 79 50 96 0
Web: www.consulfrance-francfort.org

Regionalpartnerschaft Hessen – Aquitaine

Die Region Aquitaine

Die Region Aquitaine befindet sich im Südwesten Frankreichs, sie ist doppelt so groß wie Hessen und halb so dicht besiedelt. In Deutschland ist sie vor allem für ihre hervorragenden Bordeauxweine bekannt sowie für ihre Luft-, Raumfahrt und Verteidigungsindustrie. Mit dem Laser Megajoule ist die Aquitaine einer der Standorte der französischen Atomenergiebehörde. Fast 3.000 Forscher und Lehrkräfte und mehr als 50.000 Studenten machen einen der größten französischen Universitätsstandorte aus der Hauptstadt Bordeaux.

Die Region verfügt in ihren wichtigsten Wirtschaftsbereichen über eine Anzahl staatlich geförderter sogenannter Kompetenzknoten, die Träger gemeinsamer Projekte zwischen Unternehmen, Forschungszentren und Ausbildungsstätten sind:

- Das französisches Luftfahrtcluster "Aerospace Valley" der Regionen Aquitaine und Midi-Pyrenäen beschäftigt in den Sparten Luft- und Raumfahrt sowie Verteidigung 42.000 Personen, 600 aquitanische Unternehmen erwirtschaften einen jährlichen Umsatz von 4 Mrd. Euro (*EADS Astrium*, *Dassault Aviation*, *Snecma Propulsion Solide*, *Thalès, Turbomeca, Messier-Dowty*, etc.).
- Das Optik- und Lasercluster „Route des Lasers", zählt in der Aquitaine 70 Unternehmen und 1.300 Mitarbeiter, darunter 600 Forscher, Ingenieure und Techniker .
- Der Forschungscluster Xylofutur im Bereich Holz- und Waldnutzung stellt 34.000 Arbeitsplätze und 2,5 Mrd Euro Umsatz.
- Im Bereich Geowissenschaften (Kompetenzknoten Avenia) sind 125 Unternehmen tätig und etwa 3.600 Forscher.
- Im Bereich Nahrungs- und Genussmittel arbeitet die Aquitaine mit der Nachbarregion Midi-Pyrenäen im Kompetenzknoten „Agrimip Sud-Ouest" zusammen; hier wird von 30.000 Beschäftigten ein Umsatz von 7 Mrd. Euro erwirtschaftet. Die Aquitaine ist die französische Region mit den meisten offiziellen Herkunftsbezeichungen.

Cluster bestehen ebenfalls in den Bereichen nachhaltiges Bauen (Unternehmen *Eiffage, Vinci, Fayat, Lafarge*, etc.) und Kompositmaterialien

(*Arkéma, EADS Astrium*, etc.). Ein ganz neues Cluster entstand im Bereich Gleitsportarten (*Quiksilver, Rip Curl, Billabong, Oxbow,* etc.)

Die Partnerschaft

Die Partnerschaft mit Hessen besteht 2015 seit 20 Jahren. Die nachhaltige und konstruktive Kooperation entwickelte sich dank eines mit der Zeit immer dichteren Netzes aktiver Beteiligter auf zahlreichen Ebenen.

Hessen und die Aquitaine arbeiten in Brüssel in einer gemeinsamen Vertretung zusammen. Seit 2001 werden regelmässig Mitarbeiter zwischen beiden Regionen ausgetauscht, deren Aufgabe es ist, Projektträger bei Ihrer Zusammenarbeit zu unterstützen.

Die Zusammenarbeit wird in allen gemeinsamen Zuständigkeitsbereich beider Regionen unterstützt. Als wesentlich erachtet werden dabei die Bereiche: Wirtschaftsförderung, Forschung, Kultur, Förderung der Landessprache des Partners im eigenen Land, Sport, Jugend und Bildung.

Die wichtigsten gemeinsamen Projekte

❍ Forschung und Entwicklung

Lasertechnik: Eine Forschergruppe des Labors CELIA aus Bordeaux (Nuklearphysik) untersucht gemeinsam mit Forschern der TU Darmstadt und dem GSI Helmholtzzentrum für Schwerionenforschung, ob es möglich ist, ein innovatives Verfahren zur Behandlung von inoperablen Tumoren mit Hilfe dieser Ionenbestrahlung weiter zu verbessern. Der aufwändige Prozess wurde gemeinsam von der GSI und der Universität Heidelberg entwickelt und könnte durch den Einsatz der neuen Technik kostengünstiger und damit weitreichender einsetzbar werden.

Der neue Unternehmenssitz "Eole" des Luftfahrtunternehmens Tubomeca (Safran-Gruppe) in Bordes, im Süden der Aquitaine. Das Unternehmen beteiligt sich am ambitionierten industriellen Modernisierungsplan der Region und ist ein Symbol für die "Fabrik der Zukunft". – Safran : Le nouveau site industriel Éole de Turbomeca (groupe Safran) à Bordes, au sud de l'Aquitaine. Une préfiguration de l' « usine du futur » dans le domaine de l'aéronautique, déjà récompensée par une hausse très significative de sa productivité.

Weinfach: Die Hochschule Geisenheim University und das Institut des Sciences de la Vigne et du Vin (ISVV) arbeiten gemeinsam unter anderem an der Erforschung der Auswirkungen der Klimaänderung auf den Weinbau mit dem Ziel, die Anbaumethoden an die veränderten Bedingungen anzupassen.

Seit 2006 ist der Regionalrat Eigentümer des Hafens von Bayonne im Süden der Aquitaine. Modernisierung der Verkehrsinfrastruktur, Einrichtung multimodaler Plattformen, Verlagerung des Straßenverkehrs auf Wasser und Schiene sind die strategischen Ziele.
– Le port de Bayonne : Depuis 2006, le conseil régional est propriétaire du port de Bayonne, au sud de l'Aquitaine. Celui-ci s'inscrit dans sa stratégie en faveur de la modernisation des infrastructures de communication aquitaines, du développement des plates-formes multimodales et du report du transport routier vers le maritime ou le ferroviaire.

❯ Berufsbildung

Berufsschulen der Partnerregionen tauschen eine immer grössere Anzahl von Auszubildenden aus. Jugendliche haben die Möglichkeit, während eines kurzen Aufenthaltes in Kleinbetrieben andere Arbeitsmethoden und eine andere Arbeitskultur zu entdecken und ihren Lebenslauf zu bereichern. Austausche finden regelmässig in den Berufsbildern Gebäudereiniger, Bäcker, Fleischer, Florist und Friseur statt.

Im September 2013 wurde die erste deutsch-französische Ausbildungsklasse Luftgerätemechanik zusammengestellt. 15 hessische Auszubildende und 15 aquitanische Berufsschüler erhalten neben der fachlichen Ausbildung intensiven Sprachunterricht und werden insgesamt drei Praktika in Luftfahrtzulieferbetrieben oder Werften in der Partnerregion absolvieren.

Partner auf deutscher Seite sind die Berufsschule *GTS Offenbach* sowie die Unternehmen *Condor Technik GmbH, Heli Transair European Air Services GmbH, Lufthansa Technical Training* und *Röder Präzision GmbH.*

❯ Umweltschutz

Wiedereinführung von Maifisch im Rhein und dessen Nebenflüssen:
Seit 2006 unterstützen Hessen und die Aquitaine die Wiedereinführung des Maifisches in den Rhein. Der früher einmal sehr verbreitete Fisch war innerhalb des letzten Jahrhunderts völlig aus dem Gewässer verschwunden. Dank einiger aquitanischer Exemplare konnten Jungfische gezüchtet und bereits mehrfach im Rhein ausgesetzt werden.

Gleichzeitig wird die Population in der Aquitaine gesichert. 2014 konnten mehr als 1 Mio. Jungfische in Deutschland ausgesetzt werden, über 160 Fische wurden inzwischen bereits im Rhein wieder gesichtet.

❯ Wirtschaftsentwicklung

Die Partnerregionen unterstützen auch den Austausch zwischen Unternehmen, die Wirtschaftsfördergesellschaften stehen in engem Kontakt zueinander. Die deutsch-französischen Wirtschaftsclubs beider Regionen tauschen sich regelmässig aus.

AREPO und AREV: Aquitaine und Hessen sind beide Mitglieder im Verband der Europäischen Regionen für Produkte mit Herkunftsbezeichnung (AREPO) und der Versammlung der europäischen Weinbauregionen (AREV). Beide Verbände widmen sich der Förderung geschützter Herkunftsbezeichnungen.

❯ Kultur

Aufenthalte von Schriftstellern und Musikern der Partnerregion:
Alljährlich sind hessische und aquitanische Schriftsteller und Musiker zu Gast in der befreundeten Partnerregion. Die aquitainische Agentur für Buch, Lesen und Kino ECLA arbeitet hier eng mit dem Hessischen Literaturrat sowie dem hessischen Landesmusikrat zusammen, auch in Form von gemeinsamen Beteiligungen an internationalen Veranstaltungen wie der Frankfurter Buchmesse oder der Bordelaiser Buchmesse *Escale du livre.*

❯ Nützliche Adressen:

AQUITAINE
Regionalrat
Vertreterin des Landes Hessen
in Aquitaine:
Maren Thomas
Fon.: +33 (0)5 56 56 38 24
Email: maren.thomas@aquitaine.fr
Web: http://aquitaine.fr

HESSEN
Hessische Staatskanzlei
Vertreterin der Region Aquitaine bei der
Landesregierung Hessen
Chloé Melchionne
Chloe.Melchionne@stk.hessen.de
Tel.: +49 (0) 611 32 36 34
Web: www.hessen.de

Partenariat interrégional Hesse – Aquitaine

La Région Aquitaine

La Région Aquitaine se situe dans le sud-ouest de la France. Elle dispose d'une superficie deux fois plus grande que celle de la Hesse et d'un nombre d'habitants deux fois moins élevé. En Allemagne, elle est avant tout réputée pour l'excellence de ses vins, comme pour son industrie de la défense et de l'aéronautique. Grâce à son Laser Mégajoule, elle est également l'un des sites des agences nationales pour l'énergie atomique. Environ 3 000 chercheurs et enseignants du supérieur ainsi que 50 000 étudiants font de Bordeaux, la capitale régionale, l'une des plus grandes villes universitaires françaises.

La région dispose dans ses secteurs économiques majeurs d'un grand nombre de pôles de compétitivité et clusters, financés par des fonds publics, qui sont des porteurs de projets communs regroupant des entreprises, des instituts de recherche et centres de formation :

- Le pôle de compétitivité Midi-Pyrénées & Aquitaine aéronautique, espace, systèmes embarqués, Aerospace Valley, est spécialisé dans les domaines de l'aéronautique et de la défense et emploie 42 000 personnes. 600 entreprises aquitaines réalisent un chiffre d'affaires annuel de 4 milliards d'euros (EADS Astrium, Dassault Aviation, Snecma Propulsion Solide, Thalès, Turbomeca, Messier-Dowty …).
- Le cluster photonique Route des Lasers regroupe en Aquitaine 70 entreprises et 1 300 employés, dont 600 chercheurs, ingénieurs et techniciens.
- Le pôle de compétitivité produits et matériaux des forêts cultivées, Xylofutur, emploie 34 000 personnes et réalise un chiffre d'affaires annnuel de 2,5 milliards d'euros.
- Le pôle de compétitivité Géosciences pour l'énergie et l'environnement Avenia regroupe 125 entreprises et 3 600 chercheurs.
- Le cluster agricole et agro-industriel du Sud-Ouest, Agrimip Sud-Ouest, compte, en Aquitaine et en Midi-Pyrénées, 30 000 employés et réalise un chiffre d'affaires de 7 milliards d'euros. L'Aquitaine est la première région française pour les appellations d'origine contrôlée.

L'Aquitaine compte aussi des clusters dans le domaine de la construction durable (Eiffage, Vinci, Fayat, Lafarge…) et dans le secteur des

matériaux composites (Arkéma, EADS Astrium …). Un tout nouveau pôle de compétitivité a émergé dans le domaine des sports de glisse (Quiksilver, Rip Curl, Billabong, Oxbow …).

Le partenariat

Depuis vingt ans, le Land de Hesse et la Région Aquitaine sont liés par un partenariat interrégional. La coopération durable et constructive entre les deux régions a pu se développer dans de multiples domaines par le biais d'un réseau d'acteurs toujours plus dense. La Hesse et l'Aquitaine coopèrent sur la scène européenne au sein d'une représentation commune à Bruxelles. Depuis 2001, un échange régulier de collaborateurs entre les deux régions a été établi. Ces derniers ont pour fonction l'accompagnement et le soutien des porteurs de projets dans leur travail de coopération avec la région partenaire. Les deux régions apportent leur soutien aux projets de coopération dans les domaines de compétence croisées suivants : développement économique, culture, promotion de la langue partenaire, jeunesse et sport, formation professionnelle.

Les principaux projets communs

❯ Recherche et développement

Haute technologie laser : Un groupe de chercheur du centre de recherche CELIA à Bordeaux (physique nucléaire) tente d'améliorer un dispositif innovant de traitement de tumeurs inopérables par radiothérapie ionique (« hadronthérapie »), mis au point par le centre de recherche du GSI de Darmstadt, l'Université technique de Darmstadt et l'Université d'Heidelberg. A terme, l'objectif est de réduire le coût de cette nouvelle

Das Institut für Lasertechnik der Aquitaine (Institut d'optique d'Aquitaine) wurde von der Region in Höhe von 46,6 Mio Euro finanziert. Es vereint unter einem Dach das Ausbildungszentrum "Institut d'optique Graduate School", das Kompetenzzentrum "Route des Lasers" und die Ausbildungsplattform "Pyla". – Institut d'optique d'Aquitaine : Inauguré en octobre 2013, l'Institut d'optique d'Aquitaine a été financé par la Région à hauteur de 46,6 millions d'euros. Il accueille entre autres un grand centre d'enseignement, l'Institut d'optique Graduate School, le pôle de compétitivité Route des Lasers et la plateforme de formation Pyla.

technique et d'en faciliter l'accès afin de soigner un grand nombre de malades.

Vigne et vin : L'Université de Geisenheim (Geisenheim University) et l'Institut des Sciences de la Vigne et du Vin (ISVV) de Bordeaux mènent en commun plusieurs projets de recherche qui doivent notamment permettre de mieux évaluer l'influence du changement climatique sur la viticulture avec pour objectif sur le long terme le développement de stratégies d'adaptation de la production vini-viticole à ce phénomène majeur.

❯ Formation professionnelle

Il existe un nombre croissant d'échanges d'apprentis, développés entre les structures de formation professionnelle des deux régions partenaires. Ces courts séjours au sein d'entreprises permettent aux jeunes apprentis de découvrir une nouvelle culture professionnelle et d'autres méthodes de travail et accroissent ainsi leurs perspectives d'emploi. Des échanges réguliers ont lieu dans les domaines de l'entretien, de la boulangerie, de la boucherie, de la floristique et de la coiffure.

La première section franco-allemande professionnelle en maintenance aéronautique a été lancée en septembre 2013. 15 apprentis hessois et 15 élèves d'un lycée professionnel aquitain suivent, parallèlement à leur formation technique, des cours de langue renforcés. Ils effectueront au cours de leur cursus trois stages au sein d'entreprises aéronautiques sous-traitantes de la région partenaire. Les partenaires allemands du projet sont l'école de formation professionnelle d'Offenbach/Main ainsi

Ein Auszubildender des Sektors Aeronautik. Die Ausbildungszentren der zwei Regionen tauschen seit vielen Jahren innerbetrieblich Auszubildende aus, in verschiedenen Sektoren.
– Formation professionnelle : Un apprenti du secteur aéronautique. Les centres de formation des deux régions entretiennent depuis de nombreuses années des échanges d'apprentis au sein d'entreprises dans des secteurs variés.

que les entreprises Condor Technik GmbH, Heli Transair European Air Services GmbH, Lufthansa Technical Training et Röder Präzision GmbH.

❯ Environnement

Réintroduction de l'alose dans le Rhin et ses affluents : La Hesse et l'Aquitaine soutiennent depuis 2006 la réintroduction de l'alose dans le Rhin. Ce poisson autrefois très commun avait totalement disparu du Rhin depuis près d'un siècle. L'élevage d'alevins aquitains permet de repeupler les eaux du Rhin au moyen de lâchers réguliers dans le fleuve. Parallèlement, les populations d'alose aquitaines devraient être consolidées. En 2014, environ un million de larves ont été produites et transférées en Allemagne pour être déversées dans celui-ci et plus de 160 aloses y ont été comptabilisées.

❯ Développement économique

Les deux régions encouragent aussi le renforcement des échanges entre entreprises et les deux agences de développement économique maintiennent des contacts étroits. Les clubs des affaires franco-allemands des deux régions se rencontrent également régulièrement.

AREPO et AREV : L'Aquitaine et la Hesse sont toutes deux membres de l'Association des régions européennes des produits d'origine (AREPO) et de l'Assemblée des régions européennes viticoles (AREV). Ces deux associations ont pour objectif de faire la promotion des appellations d'origine protégée.

❯ Culture

Résidences croisées d'écrivains et musiciens au sein de la région partenaire : Chaque année, des auteurs et musiciens aquitains et hessois effectuent une résidence de plusieurs mois au sein de la région partenaire. Dans ce domaine, l'Agence ECLA Aquitaine (Écrit, cinéma, livre et audiovisuel) collabore étroitement avec ses partenaires hessois, le *Hessischer Literaturrat* et le *Hessischer Landesmusikrat*. Cette coopération se traduit également par une participation commune à des manifestations internationales telles que la *Foire du Livre de Francfort* (Frankfurter Buchmesse) ou l'Escale du livre de Bordeaux.

❯ Contacts en Hesse et en Aquitaine

Représentation du Land de Hesse au sein du Conseil Régional d'Aquitaine :
Maren Thomas
Email : maren.thomas@aquitaine.fr
Fon : +33 (0)5 56 56 38 24
Web : www.aquitaine.fr

Représentation du Conseil Régional d'Aquitaine au sein du Land de Hesse :
Chloé Melchionne
Email : chloe.melchionne@stk.hessen.de
Fon : +49 (0)6 11 32 36 34
Web : www.hessen.de

Über fünf Jahrzehnte Städtepartnerschaft zwischen Frankfurt am Main und Lyon

Bereits für das Jahr 1673 sind direkte Kontakte zwischen Lyon, das einst von den Römern als „Lugdunum" an strategischer Stelle gegründet worden war, und Frankfurt am Main, der alten freien Reichsstadt, belegt. Knapp drei Jahrhunderte später entsteht die offizielle Städtepartnerschaft der beiden europäischen Messe- und Handelsplätze an Main und Rhône.

Mit der Unterzeichnung der Vertragsurkunde durch die Oberbürgermeister Louis Pradel und Werner Bockelmann am 15.10.1960 betritt Frankfurt erstmals den Kreis der internationalen Partnerstädte. Es ist die Zeit der Aussöhnung und Wiederannäherung in Europa. Die herausragende Rolle spielen dabei Frankreich und Deutschland, mit dem Anspruch, die alten Ressentiments endlich zu überwinden. Dieser Prozess manifestiert sich drei Jahre später mit dem Abschluss des Elysée-Vertrags zur deutsch-französischen Freundschaft.

In der Entstehungsphase der Städtepartnerschafts-Idee gab es bereits seit Mitte der fünfziger Jahre informelle Kontakte zwischen Frankfurt und Lyon:

Erste Jugendbegegnungen förderten den beginnenden Dialog der Nachkriegsgeneration. Pioniere im Schüleraustausch waren dabei das Frankfurter Lessing-Gymnasium und das Lyoner Lycée du Parc. Wirtschaftsverbände nahmen erste Beziehungen auf und die Partnerschaft zwischen den Universitäten bahnte sich an.

Diese Säulen der Partnerschaft spielen auch heute noch eine wichtige Rolle im gegenseitigen Austausch der beiden Städte. Regelmäßige Schüler-, Studenten- und Vereinsaustausche, sowie zahlreiche Bürgerreisen in die Partnerstadt Lyon führen die Tradition der Bürgerpartnerschaft erfolgreich fort. Höhepunkt im Sommer ist für die Frankfurter Jugendlichen der Sportaustausch mit Lyoner Vereinen. Organisiert von der Frankfurter Sportjugend und dem Office du Sport in Lyon begegnen sich mittlerweile fast 200 Jugendliche aus jeder Stadt in ihrer Sportart.

Auch im kulturellen Bereich gibt es viele gegenseitige Begegnungen, herauszuheben ist hier vor allen Dingen die Orchesterpartnerschaft zwischen dem Orchestre National de Lyon und dem HR-Sinfonieorchester.

50. Jahrestag der Partnerschaft zwischen Frankfurt und Lyon. Der Oberbürgermeister von Lyon trägt sich ins Goldene Buch der Stadt Frankfurt ein. – 50 ans de jumelage entre les villes de Francfort et Lyon. Le Maire de Lyon, M. Gérard Collomb, s'inscrit dans le Livre d'Or de la ville de Francfort.

Im Jahr 2010 feierten die Städte Lyon und Frankfurt das fünfzigjährige Bestehen ihrer Partnerschaft mit der Unterzeichnung einer Absichtserklärung zur Vertiefung der partnerschaftlichen Beziehungen zwischen beiden Städten. Sichtbarer Ausdruck der Freundschaft ist seitdem das Wandgemälde „Zeitreise" im U-Bahnhof Konstablerwache. Außerdem hatte sich Lyon für seine deutsche Partnerstadt ein besonderes Geschenk zum runden Jahrestag ausgedacht. Die Wasserspiele des bei Frankfurter Bürgerinnen und Bürgern beliebten Oktogonbrunnens im Palmengarten bekamen vom „Vater" des weltberühmten Lyoner „Fête des Lumières" ein spektakuläres Lichtkonzept, das zur Einweihung von den Oberbürgermeistern beider Städte eingeschaltet wurde.

Im Gegenzug begrüßt seit dem Jubiläumsjahr Johann Wolfgang Goethe, der größte Sohn Frankfurts, in Form einer Bronze Büste die Besucher der Lyoner Stadtbibliothek, während vor dem Gebäude ein junger Ginkgo, Goethes Lieblingsbaum, seine Zweige in den Himmel streckt.

Und seit März 2012 sind die beiden Partnerstädte durch die tägliche TGV- Verbindung noch ein Stückchen enger zusammengerückt.

Stadt Frankfurt am Main
Büro des Oberbürgermeisters – Mayor's Office
Referat für Internationale Angelegenheiten. International Office
D-60275 Frankfurt am Main
Fon: +49 (0)69 212 38 702; Fax: +49 (0)69 212 32 968
Email: ingrid.cammerzell@stadt-frankfurt.de
www.frankfurt.de

STADT ✦ FRANKFURT AM MAIN
Referat für Internationale Angelegenheiten

Plus de 50 ans de partenariat entre les villes de Francfort et Lyon

Des contacts directs entre Lyon, ville fondée par les Romains sous le nom de Lugdunum et située sur un lieu stratégique, et la vieille ville impériale libre de Francfort sont documentés depuis l'année 1673. La signature de l'accord de jumelage en 1960 scelle, trois siècles plus tard, le partenariat des deux villes de foires sur les bords du Main et du Rhône .

La signature de l'acte officiel par les maires Louis Pradel et Werner Bockelmann le 15/10/1960 donnait à Francfort sa première ville partenaire au plan international. C'était le temps de la réconciliation et du rapprochement en Europe. La France et l'Allemagne y jouaient le rôle principal avec l'ambition de surmonter enfin les vieux ressentiments. Ce processus trouvera son aboutissement trois ans plus tard avec la signature du Traité de l'Élysée.

Dans la phase initiale du jumelage, il y avait déjà des contacts informels entre Francfort et Lyon depuis le milieu des années cinquante.

Les premiers échanges de jeunes ont initié le dialogue entre les générations d'après-guerre. Le Lessing Gymnasium et le Lycée du Parc en ont été les pionniers. Les associations d'entreprises ont noué les premiers contacts et un partenariat s'est établi entre les universités.

Ces piliers du partenariat jouent encore aujourd'hui un rôle important dans l'échange entre ces deux villes. Des échanges réguliers d'élèves, d'étudiants et d'associations, ainsi que les nombreux voyages des particuliers vers la ville jumelle de Lyon entretiennent la tradition de ce jumelage citoyen. Le point d'orgue de l'été pour les jeunes Francfortois est l'échange sportif avec les clubs lyonnais organisé par la Frankfurter Sportjugend et l'Office du Sport de Lyon et qui réunit désormais presque 200 jeunes de chaque ville dans leurs disciplines respectives.

Il y a également de nombreuses rencontres dans le domaine de la culture, parmi lesquelles il faut souligner au premier lieu le partenariat entre l'Orchestre National de Lyon et l'Orchestre Symphonique de la Radiotélévision de Hesse (HRSinfonie).

En 2010, les villes de Lyon et de Francfort ont célébré les cinquante ans de leur jumelage avec la signature d'un protocole d'entente afin d'approfondir les relations de partenariat entre les deux villes. Une expression visible de l'amitié est depuis l'an dernier la peinture murale Voyage dans le Temps, dans la station de métro Konstablerwache, à Francfort.

Goethe-Büste in der Eingangshalle der Stadtbibliothek von Lyon – Geschenk der Partnerstadt Frankfurt. – Buste de Goethe dans le hall
d'entrée de la bibliothèque de Lyon – cadeau
de la ville jumelle de Francfort.

Junger Gingkobaum am Eingang zur Stadtbibliothek in Lyon – Geschenk der Partnerstadt
Frankfurt. – Jeune Gingko à l'entrée de la
bibliothèque municipale à Lyon – cadeau de
la ville jumelle Francfort

De plus, Lyon avait conçu un cadeau spécial à l'occasion de l'anniver-
saire pour sa ville jumelle allemande. Les jets d'eau de la fontaine octo-
gonale dans le Palmengarten (Jardin des plantes), très apprécié par les
citoyens de Francfort, ont reçu un concept d'éclairage spectaculaire de
la part du célèbre père de la « Fête des Lumières » lyonnaise, concept
qui a été inauguré en commun par les Maires des deux villes.

En retour, depuis l'année du jubilé, un buste de bronze de Goethe,
le plus célèbre fils de la ville de Francfort, accueille les visiteurs de la
bibliothèque municipale à Lyon et un jeune Ginkgo, l'arbre favori de
Goethe, étend ses branches vers le ciel devant cet édifice.

Et depuis mars 2012, la liaison TGV qui relie quotidiennement les deux
villes jumelles les a encore un peu plus rapprochées.

Stadt Frankfurt am Main
Büro des Oberbürgermeisters – Mayor's Office
Referat für Internationale Angelegenheiten. International Office
D-60275 Frankfurt am Main
Fon: +49 (0)69 212 38 702; Fax: +49 (0)69 212 32 968
Email: ingrid.cammerzell@stadt-frankfurt.de
www.frankfurt.de

STADT ☙ FRANKFURT AM MAIN
Referat für Internationale Angelegenheiten

Teil 2

Spaziergang
auf den Spuren der Franzosen

Partie 2

Promenade
sur les traces des Français

Autor: Dr. Frank Berger,
Kurator des Historischen Museums Frankfurt am Main

Auteur: Dr. Frank Berger,
Conservateur du Musée historique de Francort-sur-le-Main

Karl findet die Frankenfurt. Aquarell von Leopold Bode 1888. – Charlemagne découvre le gué traversant le Main. Aquarelle par Léopold Bode 1888

Charlemagne –
Fondateur de la ville de Francfort

L'histoire de la fondation de Francfort par Charlemagne (768-816) remonte à un rapport de l'évêque Thietmar de Mersebourg. D'après lui, au début de 794, après avoir fêté Noël à Würzburg, Charlemagne se rendit avec tout son cortège vers Francfort. À l'arrivée de la troupe au bord du Main une biche blanche effrayée s'enfuit par un point de faible profondeur du fleuve aidant ainsi – par l'intermédiaire de Dieu – à fuir l'attaque des Saxons et à arriver sains et saufs sur la rive droite du Main.

La première désignation documentée localisant Francfort se trouve dans un document de Charlemagne du 22 février 794 destiné au monastère Saint Emmeran à Ratisbonne et signé de la mention *actum Franconofurd*. On y apprend qu'il avait voyagé jusqu'à sa *villa Franconofurd*, pour y passer l'hiver et les Pâques. Il y a présidé au printemps un important synode ecclésiastique traitant des questions des empires franconiens Est et Ouest. Le 10 août de cette année, son épouse Fastrada meurt à Francfort. Il part ensuite en guerre contre les Saxons, et il est dit qu'il ne serait ensuite jamais revenu à Francfort. *(D'après W. Klötzer, Studien zur Frankfurter Geschichte Bd. 45, Frankfurt 2000, S. 10-15)*

Karl der Große –
Gründer der Stadt Frankfurt!

Die Geschichte über die Gründung Frankfurts durch Karl den Großen (768-816) geht auf den Bericht des Bischofs Thietmar von Merseburg zurück, den er im 11. Jahrhundert in der Sachsenchronik niedergeschrieben hat. Demnach soll Karl der Große im Jahre 794, nach Weihnachten, mit seinem ganzen Hofgefolge von Würzburg nach Frankfurt aufgebrochen und auf diesem Wege von den Sachsen verfolgt worden sein. Am Main angekommen sei eine aufgeschreckte weiße Hirschkuh durch eine seichte Stelle im Main geflüchtet. So habe sie – durch Gottes Fügung – den verzweifelten Franken den möglichen Fluchtweg gezeigt, und so kamen sie wohlbehalten am rechten Mainufer an.

Die erste dokumentarische Bezeichnung für den Ort Frankfurt gibt es in einer Urkunde Karls des Großen vom 22. Februar 794 für das Regensburger Kloster St. Emmeran, datiert mit *actum Franconofurd*. Man erfährt darin, dass er in seine *villa Franconofurd* gereist war, um den Winter sowie das Osterfest hier zu verbringen. Belegt ist auch, dass er in diesem Frühjahr an diesem Ort eine kirchenpolitisch bedeutsame Synode präsidierte, in der es um Fragen des Ost- und Westfrankenreiches ging. Am 10. August starb seine Frau Fastrada in Frankfurt. Danach zog er gegen die Sachsen zu Felde, und man sagt, er sei nie wieder nach Frankfurt gekommen. *(Nach W. Klötzer, Studien zur Frankfurter Geschichte Bd. 45, Frankfurt 2000, S. 10-15)*

Modell der Königspfalz der Karolinger im Archäologischen Garten vor dem Frankfurter Dom.
 – Maquette du Palais Royal des Carolingiens dans le Jardin Archéologique, au pied de la cathédrale de Francfort.

Viele Jahre stand die Statue Karls des Großen, des Gründers der Stadt Frankfurt, am Eingang des Historischen Museums auf dem Römerberg. Das Gebäude des Museums wurde Anfang 2011 im Zuge der Rekonstruktion der Frankfurter Altstadt abgerissen. In 2015, mit der Eröffnung des neuen Historischen Museums, wird dieser steinerne Gründer der Stadt wieder zu sehen sein. – Pendant de très nombreuses années, la statue de Charlemagne veillait sur l'entrée du Musée Historique de Francfort, sur le Römerberg. Début 2011, cet édifice fut démoli dans le cadre du projet de reconstruction de la vieille cité. Le fondateur de la ville nous donne rendez-vous en 2015 pour l'inauguration du nouveau Musée Historique.

Der erste französische König – ein Frankfurter!

Am 23. Juni 823 wurde in der alten Königspfalz auf dem Römerberg, dem *novo palatio*, Karl II., der Kahle, geboren und getauft. Er war der Sohn von Ludwig dem Frommen (814-840), dem Nachfolger Karls des Großen. Von seinem Vater erbte er 843 den westfränkischen Reichsteil. Damit war Karl der Kahle der erste König des späteren Frankreich. Er residierte in Reims und wurde in St. Denis beigesetzt. Er war es, Karl der II., der Kahle, König des fränkischen Westreiches, der im Jahre 842 in der königlichen Pfalz in Straßburg seinen älteren Bruder Ludwig der Deutsche traf, König des Ostreiches der Franken, um sich gegenseitiger Treue gegen ihren Bruder Lothar zu versichern. Ihre *Straßburger Eide*, in Altfranzösisch und Altdeutsch geschrieben, sind die ältesten gemeinsamen schriftlichen Zeugnisse unserer beiden Sprachen.

Das archäologische Feld auf dem Römerberg vor dem Dom macht die Grundmauern der alten Königspfalz sichtbar. Hier ist der Geburtsort von Karl II., dem Kahlen, aus dem Geschlecht der Karolinger.
– Le site archéologique sur le Römerberg, en face de la Cathédrale, fait apparaître les fondations de l'ancien Palais Royal. C'est ici que naquit Charles II, dit le Chauve, originaire de la noble famille des Carolingiens

Le premier roi de France – un Francfortois !

C'est le 23 juin 823, dans l'ancien Palais Royal sur le Römerberg, que naquit et fut baptisé Charles II le Chauve. Il était le fils de Louis Ier, le Pieux (814 – 840), successeur de Charlemagne. En 843, son père lui adjugea la partie occidentale de l'empire franconien de jadis. Il fut donc le premier roi de la future France. Il résida à Reims et fut enterré à Saint-Denis. C'est lui, Charles II, le Chauve, qui rencontra en 842 son frère aîné Louis, l'Allemand, roi de l'empire carolingien oriental, pour se jurer fidélité mutuelle contre leur frère Lothaire. Leur *Serment de Strasbourg,* écrit en ancien français et en ancien allemand, est le plus ancien document dans nos deux langues.

Frankfurt und Straßburg

Frankfurt und Straßburg waren im Mittelalter beide Pfalzstädte. Sie haben beide auch die Farben rot-weiß in ihrer Stadtflagge, die Farben der Stauferkönige. Beide Städte standen im Mittelalter unter dem Schutz der Stauferkönige. Der erste war König Konrad IV. (1137-1152). Ihm folgte Friedrich I. Barbarossa (1152-1190). Dieser verlegte die Pfalz an den Main und ließ zu ihrem Schutz eine Stadtmauer errichten, wovon bis heute ein Stück erhalten ist. Man sieht sie von der Töngesgasse aus kommend.

Francfort et Strasbourg

Au Moyen Âge, Francfort et Strasbourg sont deux villes du Palatinat. Les deux villes furent sous la protection des rois de Hohenstaufen. Le premier était le roi Conrad IV (1137-1152) suivi par Frédéric Ier Barbarossa (1152-1190) qui fit déplacer le Palatinat sur les rives du Main et, pour la protéger, fit ériger un rempart autour de la ville, dont une partie est encore visible aujourd'hui. On peut le voir en venant de la Töngesgasse.

Der Heilige Bernard von Clairvaux im Dom

Der Heilige Bernard von Clairvaux war der Gründer des Zisterienserordens. Im Auftrag von Papst Eugen III. arbeitete er am Zustandekommen des Zweiten Kreuzzuges.

Seine Predigten entfachten einen Sturm der Begeisterung für diese Sache. 1146 predigte er auch in der Kathedrale von Frankfurt in Anwesenheit von Kaiser Konrad III. Die Menge der Gläubigen war so erregt, dass sie den Heiligen zu erdrücken drohte. Daraufhin hob ihn der Kaiser, ein kräftiger Mann, auf seine Schultern und rettete ihn aus der Kirche (Bild im Historischen Museum).

Saint Bernard de Clairvaux dans la Cathédrale

Saint Bernard de Clairvaux fut le fondateur de l'Ordre des Cisterciens. Au nom du pape Eugène III, il travailla à la réalisation de la Deuxième Croisade.

Ses sermons déclenchèrent une tempête d'enthousiasme pour cette cause. En 1146, il prêcha aussi dans la cathédrale de Francfort, en présence de l'Empereur Conrad III. La foule des fidèles était tellement excitée qu'elle menaçait d'écraser le Saint. Par conséquent l'Empereur, un homme costaud, le prit sur ses épaules et l'emmena hors de l'église.

Der Eschenheimer Turm und der Graf von Hérouville

Im späten Mittelalter bekam Frankfurt eine zweite Stadtbefestigung. Ihr Verlauf ist mit dem heutigen *Anlagenring* identisch. Die Befestigung wurde nach 1806 aufgegeben und vollständig abgetragen. Die Steine dienten zum Hausbau.

Das Gelände wurde zum Park und Erholungsgebiet. Von der alten Befestigung überlebte nur der Eschenheimer Turm von 1428. Dies ist der Intervention des damaligen französischen Botschafters, des Comte d'Hérouville zu verdanken. Heute befindet sich in dem Turm ein Restaurant mit historischen Bildern vom Eschenheimer Turm im Kaminzimmer.

La Tour d'Eschenheim et le Comte d'Hérouville

À la fin du Moyen Âge, une deuxième ceinture de remparts fut édifiée à Francfort. Son parcours suit l'actuel *Anlagenring*. Abandonnés, les remparts ont été complètement démontés après 1806. Leurs pierres ont été utilisées pour la construction d'immeubles.

Le terrain est devenu un parc public, un espace de loisirs. Des anciennes fortifications, seule la porte Eschenheimer Turm (la Tour d'Eschenheim) de 1428 subsiste encore, grâce à l'intervention du comte d'Hérouville, à l'époque ambassadeur de France. Aujourd'hui, cette tour abrite un restaurant dont la salle de cheminée est décorée avec des images de la tour historique.

Die ersten Kartoffeln in Frankfurt

Von 1587-1593 lebte der wallonische Naturwissenschaftler Carolus Clusius in Frankfurt. Er stammte aus Arras, heute französisch. Er brachte die Tulpe nach Frankfurt und zwei Kartoffelstauden mit Knollen. In seinem Garten auf dem Terrain der heutigen *Taunusanlage* züchtete er die ersten Kartoffeln, die die Frankfurter sahen.

Clusius war auch der erste Besitzer eines Vorrats an Kaffeebohnen in Deutschland. Die Kaffeehauskultur begann hier um 1750.

Les premières pommes de terre à Francfort

Le naturaliste wallon Carolus Clusius vécut de 1587 à 1593 à Francfort. Il venait d'Arras, ville aujourd'hui française. Il apporta à Francfort la tulipe ainsi que deux plants de pomme de terre portant des tubercules. C'est dans son jardin situé sur le terrain de l'actuel *Taunusanlage* qu'il a fait pousser les premières pommes de terre que les Francfortois aient jamais vues.

Clusius fut également le premier propriétaire d'un stock de grains de café en Allemagne. La culture des établissements dédiés à la consommation du café a commencé ici vers 1750.

Hugenotten in Frankfurt

Frankfurt erlebte mehrere Wellen französischer Einwanderer: Die ersten bildeten die reformierten Wallonen der französischen Niederlande. Sie verließen die Niederlande in den Jahren 1554-55, weil das Land unter dem Einfluss der Spanier rekatholisiert wurde.

Nach dem Edikt von Nantes 1685 kamen aus Frankreich die später in Frankfurt und Umgebung berühmten Familien *Gontard* aus Grenoble und *Breville* aus Lyon, beide Modewarenhändler, *Passavant*, Textilhändler aus Haut-Saone, *Mouson*, Parfumproduzenten aus Lothringen, *Neufville*, Kaufleute aus dem Artois und *Valentin du Fay*, Gelehrte.

Die dritte Einwanderungswelle entstand 1697, als die Freie Stadt Straßburg dem französischen Königreich einverleibt wurde. Bekannte Namen aus dieser Zeit sind *Staedel*, *Andrae* (Buchdrucker), *Souchay*, *Grimmeisen* und *Goll*. Sie lebten teils in der Stadt Frankfurt, zum Teil gründeten sie in der Umgebung neue Orte, davon zeugen heute noch die *De-Neuf-Ville-Straße* im Frankfurter Osten und Straßendörfer wie *Neu Isenburg* und *Friedrichsdorf*. Dort heißt die Hauptstraße noch heute *Hugenottenstraße*.

Des Huguenots à Francfort

Francfort a connu plusieurs vagues d'immigrants français : des Wallons réformés des Pays-Bas français ont été les premiers. Ils quittèrent leur pays en 1554-1555.

Après l'Édit de Nantes en 1685, arrivent à Francfort les familles *Gontard* de Grenoble et *Bréville* de Lyon, toutes deux exerçant le commerce de vêtements de mode. La famille *Passavant*, originaire de Haute-Saône, était spécialisée dans le commerce du textile, les *Mouson*, des producteurs de parfum, les *Neufville*, des marchands de l'Artois et les *Valentin du Fay*, des scientifiques. Toutes furent plus tard des familles célèbres à Francfort et dans les environs. La troisième vague d'immigration arriva en 1697, lorsque la ville libre de Strasbourg fut intégrée au Royaume de France. *Staedel*, *Andrae* (imprimeurs), *Souchay*, *Grimmeisen* et *Goll* sont des noms bien connus de cette période. Ils s'installèrent en partie dans la ville de Francfort, et petit à petit aussi dans les environs. Ils fondèrent de nouvelles villes dans la région comme en témoignent la *Rue De-Neuf-Ville* dans l'Est de Francfort, *Neu Isenburg* et aussi *Friedrichsdorf*. Dans ces deux dernières villes la rue principale s'appelle encore aujourd'hui *Hugenottenstraße (Rue des Huguenots)*.

Das Puppenhaus der Familie Gontard

Die reiche Familie des Jacob Friedrich Gontard mit seinen 18 Kindern dominierte nach ihrer Ankunft in Frankfurt bald die hohe Frankfurter Gesellschaft. Madame de Staël schrieb bei ihrem Besuch 1803: »Francfort est une très jolie ville, on y dîne parfaitement bien, tout le monde parle français et s'appelle Gontard.« (Frankfurt ist eine sehr hübsche Stadt. Man isst hier ausgezeichnet, jedermann spricht Französisch und heißt Gontard.) Das berühmte Puppenhaus der Familie Gontard befindet sich heute im Historischen Museum.

La maison de poupées de la famille Gontard

La famille Gontard était une famille de marchands protestants, originaire de Grenoble. Ils s'installèrent à Francfort après la révocation de l'Édit de Nantes (1685) et avaient un commerce de textile. La riche famille de Friedrich Jacob Gontard avec ses 18 enfants domina bientôt la haute société de Francfort. Madame de Staël écrivit, lors de sa visite en 1803 : « Francfort est une très jolie ville, on y dîne parfaitement bien, tout le monde parle français et s'appelle Gontard. » On peut encore admirer la célèbre maison des poupées de la famille Gontard au Musée Historique de Francfort.

Voltaire im Hotel »*Zum Goldenen Löwen*«

Hinter dem Dom, nicht weit entfernt, in der Fahrgasse 27, befindet sich das Gebäude des historischen Hotels *Zum Goldenen Löwen*, heute ein Wohnhaus. Dort stand der Schriftsteller und Philosoph Voltaire im Jahre 1753 fünf Wochen lang unter Hausarrest, vom 31. Mai bis 6. Juli. Er wurde vom preußischen Gesandten in der Freien Reichsstadt Frankfurt verhaftet, nachdem er 1753 Berlin und König Friedrich II., seinen damaligen Freund, fluchtartig verlassen hatte – jedoch unter Mitnahme geheimer Dokumente. Erst nach deren Konfiszierung aus seinem Gepäck kam er frei – und kam niemals wieder nach Frankfurt zurück.

Voltaire à l'hôtel *« Zum Goldenen Löwen »*

Derrière la cathédrale, au 27 de la Fahrgasse, se trouve le bâtiment de l'historique hôtel *Zum Goldenen Löwen (Au Lion d'Or)* qui est aujourd'hui une maison résidentielle. Là fut détenu, en 1753, l'écrivain et philosophe Voltaire durant cinq semaines, du 31 mai au 6 juillet. De passage à Francfort, après avoir fui Berlin et le roi Frédéric Ier, son ami, en emportant des documents secrets, sur ordre de l'ambassadeur prussien il fut assigné à résidence surveillée dans cet hôtel. Il fut libéré seulement après confiscation de ces documents secrets – et ne revint plus jamais à Francfort.

Das Goethe-Haus und der Graf Thoranc

Während des Siebenjährigen Krieges war der Graf François de Thoranc (1719-1794) von 1759 bis 1761 der französische Stadtkommandant von Frankfurt. Er bewohnte eine Etage im Hause der Familie Goethe im Großen Hirschgraben. Der große deutsche Dichter lernte als Kind einen höflichen und gebildeten Mann kennen.

Die Stadt Frankfurt hat Thoranc viel zu verdanken: die Nummerierung der Häuser, die Pflasterung der Straßen, die Stadbeleuchtung und die Idee der Einrichtung eines öffentlichen Transportverkehrs. In Erinnerung an ihn trägt heute eine kleine Passage vis-à-vis vom Goethe-Haus den Namen *Graf-de-Thoranc-Passage*.

La Maison Goethe et le Comte de Thoranc

Pendant la Guerre de Sept Ans, de 1759 à 1761, le comte François de Thoranc (1719-1794) était Commandant de la place de Francfort. Il habitait un étage de la maison de la famille Goethe, située dans la ruelle nommée Großer Hirschgraben. Le grand poète allemand, encore enfant, fit la connaissance d'un homme poli et cultivé.

Francfort doit beaucoup à Thoranc, notamment la numérotation des maisons, le pavage des rues, l'éclairage de la ville et l'idée de créer un réseau de transport public. En souvenir de lui, aujourd'hui, un petit passage vis-à-vis de la Maison de Goethe porte le nom de *Graf-de-Thoranc-Passage*.

Das Hessendenkmal

Das Hessendenkmal wurde zum Andenken an die Soldaten hessischer Einheiten errichtet, die am 2. Dezember 1792 beim Sturm auf die von der französischen Armee unter der Führung von Adam Philippe de Custine besetzte Stadt fielen. Gestiftet vom preußischen König Friedrich Wilhelm II. wurde es 1793 vor dem Friedberger Tor aufgestellt, wo die meisten der hessischen Soldaten gefallen waren

Le Monument de la Hesse

Le monument de la Hesse a été érigé à la mémoire des soldats des unités hessoises, tombés le 2 décembre 1792 lors de l'attaque de la ville occupée par l'armée française sous la direction d'Adam Philippe de Custine. Offert par le roi de Prusse Frédéric Guillaume II, il a été édifié en 1793 à la Porte de Friedberg, où la plupart des soldats hessois étaient tombés.

Blanchard auf der Bornheimer Heide

1785 fand der erste Flug in deutscher Luft statt. Schauplatz dieses denkwürdigen Ereignisses war die Bornheimer Heide, ein Wiesen- und Gartengelände zwischen Frankfurt und Bornheim. Der Luftschiffer François Blanchard stieg am 3. Oktober 1785 vor zahlreichen zahlenden Zuschauern mit einem Heißluftballon auf. Nach einer Fahrt von 39 Minuten landete er bei Weilburg. Die Stadt Frankfurt ehrte ihn im Schauspielhaus und schenkte ihm 50 Dukaten. Die Startstelle befand sich in der Gegend der heutigen Kreuzung Berger Straße/Höhenstrasse.

Blanchard sur « la lande de Bornheim »

C'est en 1785 qu'eut lieu le premier vol aérien effectué dans le ciel allemand. La Bornheimer Heide, la « lande de Bornheim » , vaste espace de prairies et de jardins situé entre Francfort et Bornheim, fut le théâtre de ce mémorable événement. Le 3 octobre 1785, l'aéronaute François Blanchard s'éleva dans le ciel à bord d'une montgolfière sous les yeux de nombreux spectateurs payants. Après un voyage de 39 minutes, il atterrit près de Weilburg. La ville de Francfort lui rendit tous les honneurs au cours d'une cérémonie organisée au théâtre et lui fit cadeau de 50 ducats. Le point de départ de ce voyage se trouve à peu près à l'intersection actuelle de la Bergerstraße et de la Höhenstraße.

Victor Hugo und der Dom

Der Dichter Victor Hugo (1802-1885) unternahm 1840 mit seiner Geliebten Juliette Drouet eine Reise auf dem Rhein. Diese Reise fand zwei Jahre später ihren Niederschlag in seinem Buch *Le Rhin*. In diesem Reisebericht befindet sich auch ein Aufenthalt in Frankfurt. Hugo bestieg den Turm der Kathedrale (des Doms), tief unter sich das Viertel der Fleischer, *Schirn* genannt. (Daher auch der Name der *Schirn Kunsthalle* Frankfurt.) Von oben hatte er einen großartigen Rundblick über die Stadt und ihre Umgebung. In Erinnerung an diesen Besuch trägt das Französische Gymnasium in der Gontardstrasse in Frankfurt den Namen „Victor Hugo".

Victor Hugo et le Dom (la Cathédrale)

En 1840, le poète Victor Hugo (1802-1885) entreprit un voyage sur le Rhin avec sa maîtresse Juliette Drouet. L'écho littéraire de ce voyage se manifesta dans son livre *Le Rhin*. Dans ce reportage, il évoque aussi un séjour à Francfort. Hugo grimpa jusqu'au clocher de la cathédrale au pied de laquelle s'étendait le quartier des bouchers nommé *Schirn*. (C'est de là que le musée d'art *Schirn Kunsthalle* Frankfurt tire l'origine de son nom.) D'en haut, une vue magnifique sur la ville et ses environs s'offrit à sa vue. En souvenir de cette visite, le Lycée Français de Francfort, dans la Rue Gontard, porte le nom de « Victor Hugo » .

Gustave Courbet und die Alte Brücke

Gustave Courbet (1819-1877) war ein sehr bedeutender Maler des französischen Realismus. Weil ihm die politische Atmosphäre im Zweiten Kaiserreich nicht gefiel, begab er sich viel auf Reisen. Er kam 1858 bis 1859 nach Frankfurt, wo ihm die Kunstakademie ein eigenes Atelier zur Verfügung stellte. Es befand sich unter der Adresse Kettenhofweg 44 (im heutigen Westend). Er wurde in Frankfurt als Berühmtheit gefeiert und beeinflusste eine ganze Generation einheimischer Maler. Im *Städel-Museum* hängt unter anderen sein Bild *Blick auf Frankfurt* mit der Alten Brücke als Motiv.

Gustave Courbet et la Alte Brücke (Vieux Pont)

Gustave Courbet (1819-1877) est un peintre très important du réalisme français. Comme il n'appréciait pas le climat politique du Second Empire, il partit souvent en voyage. Il rejoint Francfort de 1858 à 1859 où l'École des Beaux-Arts lui mit à disposition un atelier situé au numéro 44 du Kettenhofweg (aujourd'hui situé dans le quartier de Westend). À Francfort, il fut traité comme une célébrité et il influença toute une génération de peintres locaux. Au *Musée Städel* se trouve, entre autres, son tableau *Vue sur Francfort* avec le Vieux Pont comme motif.

Das Nizza-Ufer des Mains

Vom Turm des Doms sah Victor Hugo, nach rechts blickend, sicherlich auch das nördliche Ufer des Mains, wo sich damals der städtische Flusshafen befand und wo heute noch ein alter Kran steht.

Dieser Teil des Mainufers wurde damals im Volksmund *Nizza* genannt, nicht ohne Grund. Dank der Sonneneinstrahlung und des Flusses entsteht hier ein besonders mildes Klima. Es erlaubt die Anpflanzung und das Blühen von Pflanzen, Blumen und Bäumen, die sonst nur bei Mittelmeerklima gedeihen. Hier lebten früher wohlhabende Bürger in ihren Häusern mit Flussblick nach Süden, sowie in dort in dem heutigen Viertel mit dem Namen *Westhafen*. Seit der 2. Hälfte des 19. Jahrhunderts ist das Nizza-Ufer ein gepflegter öffentlicher Park, der *Nizza-Park*. Erst vor wenigen Jahren wurde dort auch das Restaurant *Nizza* mit mediterraner Küche eröffnet.

La rive Nizza du Main

Depuis le clocher de la cathédrale, Victor Hugo a certainement vu la rive nord du Main, où se trouvait à l'époque le port fluvial de la ville et où une grue ancienne est aujourd'hui encore conservée.

Cette partie de la rive, appelée *Nizza,* ne doit pas son nom au hasard. Sous les effets du rayonnement solaire et du fleuve, elle jouit en effet d'un microclimat particulièrement doux. Cette situation a permis d'y planter des plantes, fleurs et arbres qui ne poussent habituellement que dans un climat méditerranéen. Au XIXème siècle, les citoyens aisés de la ville y possédaient des villas orientées vers le sud avec vue sur le fleuve, tout comme aujourd'hui dans le quartier nommé *Westhafen*. Dès la seconde moitié de ce siècle, la rive *Nizza* est devenue un parc public très soigné et baptisé *Parc Nizza*. Il y a quelques années, un restaurant proposant une cuisine méditerranéenne y a ouvert ses portes : le restaurant *Nizza*.

Der alte Weinmarkt am Main

Wo heute am Main nur Touristenschiffe anlegen, am Eisernen Steg, dort ankerten im Mittelalter die Weinschiffe aus dem Elsass. Vis-à-vis der Leonhardkirche, am Leonhardtor am Main, befand sich bis ins 19. Jahrhundert der Weinmarkt. Ein Zeuge jener Zeit ist der alte Kran, den man an der Uferpromenade sehen kann. Er diente zum Entladen der Schiffe.

L'ancien Marché aux Vins sur la rive du Main

Au Moyen Âge, c'est ici qu'amarraient les bateaux chargés des cargaisons de vins en provenance d'Alsace. En face de l'église Saint-Léonard, à la Porte de Léonard, sur les rives du Main, s'est tenu jusqu'au XIXème siècle, le marché aux vins. On peut encore y voir un témoin de l'époque en se promenant sur la rive : la vieille grue. Elle était autrefois utilisée pour décharger les navires.

Das Karmeliterkloster

Hinter der Leonhardskirche, der Saalgasse folgend, gelangt man zum Karmeliterkloster. Es kam 1803, zusammen mit den Weinbergen der Karmeliter, in den Besitz der Stadt Frankfurt. Heute befindet sich dort das Stadtarchiv. In diesem Archiv liegt die sogenannte *Rheinbundakte*, ein Dokument, das die Unterschrift von Kaiser Napoléon trägt. Der *Rheinbund* war eine Vereinigung deutscher Staaten unter der Protektion Napoléons. Seine Hauptstadt war Frankfurt. Er war eine Vorgängerinstitution der alten Bundesrepublik Deutschland von 1948-1990.

Le Cloître des Carmélites

Derrière l'église Saint-Léonard, et suivant la Saalgasse, on arrive au Cloître des Carmélites. Ce cloître et ses vignobles appartenant aux Carmélites, devint propriété de la ville de Francfort en 1803. Aujourd'hui, il abrite les archives de la ville, où est notamment conservé l'acte dit *Rheinbundakte* (le Traité de la Confédération du Rhin), un document qui porte la signature de l'empereur Napoléon. *La Confédération du Rhin*, dont la capitale était Francfort, était une fédération d'États allemands placée sous la protection de Napoléon. Cette institution préfigura la République Fédérale d'Allemagne telle qu'elle a existé entre 1948 et 1990.

Simon Moritz von Bethmann (1768-1826)
Portrait von Johann Jakob de Lose
– *Simon Moritz von Bethmann* (1768-1826)
Portrait de Johann Jakob de Lose

Das Haus Bethmann und Napoléon Bonaparte

Vom Karmeliterkloster aus sich in Richtung Stadtmitte bewegend kreuzt man die Bethmannstrasse mit der Bethmann Bank. Der Bankier Simon Moritz von Bethmann galt als „König von Frankfurt". Sein Landhaus in den Wallanlagen vor dem Friedberger Tor beherbergte die Großen seiner Zeit, auch Kaiser Napoléon. Bei der Rückkehr von seinem Russlandfeldzug am 31.Oktober 1813 übernachtete er im diesem Hause. Der Fürsprache Bethmanns und Fürsorge für die verwundeten französischen Soldaten in der Stadt soll es zu verdanken sein, dass es nicht zu weiteren Kämpfen und Verwüstungen kam. Am 1. November beobachtete Napoleon vom Balkon des Bethmannhauses aus, auch mit Blick auf das gegenüber stehende Hessendenkmal, den Rückzug seiner Armee in Richtung Mainz. Das war das Ende der Napoleonzeit in Frankfurt.

La Maison Bethmann et Napoléon Bonaparte

Depuis le cloître des Carmélites, en direction du centre-ville, on croise la Rue Bethmann, avec la Bethmann Bank. Le banquier Simon Moritz de Bethmann était considéré comme le « roi de Francfort ». Sa maison de campagne, devant la Porte de Friedberg, recevait tous les Grands de l'époque ; Napoléon aussi y passa le 31 octobre 1813, rentrant de sa campagne contre la Russie. On dit que c'était grâce à la diplomatie de M. Bethmann et aux soins qu'il fit prodiguer pour les soldats français blessés qu'aucun combat et aucun ravage n'eurent lieu dans la ville. Le 1er novembre, du balcon de la maison Bethmann, d'où il pouvait également voir le monument de la Hesse situé en face, l'Empereur assista à la retraite de son armée vers Mayence. Ce fut la fin de l'ère Napoléon à Francfort.

Das Guiollett-Denkmal in der Taunusanlage

Während der sogenannten Franzosenzeit in Frankfurt, im Jahre 1811, ernennt der damalige Großherzog von Frankfurt Jacob Guiollett (1746-1815) zum Bürgermeister der Stadt. Dieser war bereits seit 1807 mit der Niederlegung der mittelalterlichen Stadtbefestigung beschäftigt und war für seine Verdienste vom Kommissar zum Senator befördert worden. Zusammen mit dem Stadtbaudirektor Johann Georg Christian Hess bewirkte er als Bürgermeister, dass eine neue Bauordnung erlassen wird, die den Klassizismus als verbindlichen Stil festlegt. – Er stirbt 1815. Die Stadt Frankfurt stiftete für ihn ein Ehrengrab in der Obermainanlage. 1837 schuf der Bildhauer Eduard Schmidt von der Launitz das Guiollett-Denkmal in der heutigen Taunusanlage. Es steht nahe am Eingang vom Opernplatz aus auf einem kleinen Hügel.

Le Monument Guiollett dans le Taunusanlage

Au cours de la période dite française de Francfort, en 1811, le Grand-duc de Francfort de l'époque nomma Jacob Guiollett (1746-1815) Maire de la ville. Depuis 1807 il s'occupait de la démolition des fortifications médiévales de la ville et s'était vu attribuer le titre de Sénateur en récompense de ses mérites. En tant que Maire de Francfort il adopta, avec l'architecte de la ville, le Directeur Johann Georg Christian Hess, un nouveau code du bâtiment qui imposa le classicisme. Il mourru en 1815. La ville de Francfort lui offrit un tombeau d'honneur dans la Obermainanlage. En 1837, le sculpteur Edward Schmidt de la Launitz érige le Monument Guiollett au cœur de l'actuel Taunusanlage, près du début du parvis de l'Opéra, sur un petit monticule.

Der Römer-Platz und Alexandre Dumas

Alexandre Dumas Père (1802-1870) besuchte Frankfurt 1838 und lebte hier einige Monate. Hier sammelte er Unterlagen für seinen Roman *Der Schleier im Main*, in dem er heftig Bismarck und seine Politik attackierte. Nach der Besetzung Frankfurts durch die Preußen mussten die Bürger auf dem Römer die Akklamation des Königs Wilhelm vornehmen. Bei jedem Jubelruf „Vivat!" traten sie ihren Hunden auf den Schwanz. Ein fürchterliches Gebell und Geschrei war die Folge. So beschrieb es Dumas in seinem Roman.

La Place du Römer et Alexandre Dumas

Alexandre Dumas père (1802-1870) visita Francfort en 1838 et y vécu quelques mois. Pendant son séjour dans la ville il réunit des données pour son roman *La terreur prussienne*. Dans ce roman, il attaque violemment Bismarck et sa politique. Il y raconte par exemple qu'après l'occupation de Francfort par les Prussiens, les citoyens francfortois durent participer à l'acclamation du roi Guillaume sur la place du Römer. A chaque cri de joie « Vivat ! » ils piétinaient la queue de leurs chiens. Il en résulta un concert d'aboiement et un vacarme terrifiant. C'est ainsi que Dumas décrit la scène dans son roman.

Das Hotel „Zum Schwan" und der Friede von 1871

Mit der Gefangennahme Napoleons III. bei Sedan und Belagerung von Paris bat Frankreich um Frieden. Die Friedensverhandlungen fanden in Frankfurt statt. Am 10. Mai 1871 wurde der Friede im Hotel *„Zum Schwan"* von Otto von Bismarck und Jules Favre unterzeichnet. Frankreich zahlte fünf Milliarden Goldfranken und trat Elsass-Lothringen an Deutschland ab. An der Stelle des damaligen Hotels *„Zum Schwan"* befindet sich heute die Buchhandlung Hugendubel. Eine Bronzetafel am Eingang Steinweg erinnert an den Abschluss des Friedensvertrages in diesem Haus. Das Mobiliar des *Friedenszimmers* befindet sich im Depot des Frankfurter Historischen Museums.

L'Hôtel « Zum Schwan » et la Paix de 1871

Suite à la capture de Napoléon III à Sedan et au siège de Paris, la France demanda la paix. Les négociations eurent lieu à Francfort, dans l'hôtel « Zum Schwan ». Le traité de paix fut signé le 10 mai 1871 par Otto von Bismarck et Jules Favre. La France dut payer cinq milliards de francs en or et céder l'Alsace et la Lorraine à l'Allemagne. Aujourd'hui, l'hôtel « Zum Schwan » a fait place à la librairie Hugendubel. Une plaque de bronze apposée à l'entrée, côté Steinweg, commémore le lieu historique. Le mobilier de la salle de la paix est actuellement conservé dans les réserves du Musée historique de Francfort.

Der Dichter Paul Claudel, Konsul in Frankfurt

Paul Claudel (1868-1955) ist allgemein bekannt als Schriftsteller und Dichter. Nach seinem Studium der Politikwissenschaften bewarb er sich als Diplomat im Staatsdienst. Diesen Beruf übte er sein Leben lang gewissenhaft aus. In dieser Funktion war Claudel von 1911 bis 1913 französischer Konsul in Frankfurt am Main. Sein Büro befand sich im Hansahaus in der Stiftstrasse 9-17. In seiner späteren Laufbahn brachte er es zum Botschafter in Japan, den USA und Belgien. 1946 wurde er Mitglied der Académie Française.

Le poète Paul Claudel, Consul à Francfort

Paul Claudel (1868-1955) est généralement connu en tant qu'écrivain et poète. Après ses études de sciences politiques, il postula à un poste de diplomate et pratiqua cette profession durant toute sa vie. Dans le cadre de ses fonctions, Claudel fut Consul de France à Francfort de 1911 à 1913. Son bureau était situé dans la Hansahaus, au numéro 9-17 de la Stiftstrasse. Au cours de sa carrière, il sera ambassadeur au Japon, aux États-Unis et en Belgique. Il devient membre de l'Académie Française en 1946.

La place François Mitterrand

En mars 1941, un jeune prisonnier de guerre français évadé du camp de Ziegenhain se retrouve à Francfort. Âgé de 25 ans, François Mitterrand n'a sur lui que de faux papiers et un peu de véritable argent allemand. Il réussit à atteindre la frontière suisse où il est finalement repris. La tentative suivante sera la bonne. En 1944, il deviendra ministre dans le gouvernement en exil du Général de Gaulle.

Quand Mitterrand (1916-1996) est revenu à Francfort en 1986, c'était cette fois en qualité de président de la République française pour y recevoir, en présence du Chancelier fédéral Helmut Kohl et du Premier ministre Jacques Chirac, la médaille de citoyen d'honneur de la ville de Francfort. Le discours fût prononcé par le maire Wolfgang Brück.

22 ans plus tard, François Mitterrand a fait son entrée dans le catalogue des noms de rues de la ville. L'ancienne place Blittersdorf, coincée entre la Mainzer Landstraße et la Niddastraße, a été rebaptisée Francois-Mitterrand-Platz en 2008 à l'occasion d'un réaménagement avec de grosses pierres pour s'asseoir et une zone protégée du vent. La place proche de la gare centrale est ainsi devenue un lieu de qualité pour le repos, rappelant symboliquement par son nom le respect qui marque les relations franco-allemandes.

Der François-Mitterrand-Platz

Im März 1941 befand sich ein junger französischer Kriegsgefangener auf der Flucht in Frankfurt. Der 25jähre Francois Mitterand war, mit falschen Papieren und echtem deutschen Geld versehen, dem Lager in Ziegenhain entkommen. Kurz vor der Schweizer Grenze wurde er schließlich gefasst. Ein späterer Fluchtversuch glückte und schon 1944 wurde er Minister in der Exilregierung Charles de Gaulles.

1986 war Francois Mitterand (1916-1996) wieder in Frankfurt, diesmal als Französischer Staatspräsident. In der Paulskirche wurde ihm, in Anwesenheit von Bundeskanzler Helmut Kohl und Premier Minister Jacques Chirac, die Ehrenbürgerschaft von Frankfurt über reicht. Die Festrede hielt Oberbürgermeister Wolfgang Brück.

Weitere 22 Jahre später wurde Francois Mitterrand in das Frankfurter Straßenverzeichnis aufgenommen. Der ehemalige Blittersdorfplatz, zwischen Mainzer Landstraße und Niddastraße gelegen, bekam im Jahr 2008 die Namen Francois-Mitterrand-Platz. Zugleich wurde er vorteilhaft umgestaltet, mit Steinsofas und einem geschützten Innen bereich. Auf diese Weise hat der nahe dem Hauptbahnhof gelegene Platz eine gute Aufenthaltsqualität – und sein Name ist präsenter Ausdruck deutsch-französischer Wertschätzung.

Bushaltestelle an der Mainzer Landstraße – Arrêt d'autobus à la Mainzer Landstraße

Villes des Huguenots
dans les environs de Francfort

Friedrichsdorf

Sur le versant sud du massif du Taunus, à 20 kilomètres seulement au Nord de Francfort, se trouve la petite ville de Friedrichsdorf. Elle doit son nom à la gratitude des premiers habitants envers son fondateur, le Landgrave Frédéric II de Hesse Hombourg qui a fondé, en 1668, une nouvelle colonie pour les Huguenots. Il leur accorde également une exonération d'impôts et leur permet de préserver leur langue et leur culture. Plus encore, il met à leur disposition du terrain et du matériel de construction. 36 familles acceptent son invitation, y compris les familles *Rousselet*, *Achard*, *Garnier* et *Privat*.

Elles sont parvenues à maintenir le français comme langue de la vie quotidienne jusqu'au début du XXème siècle. Les Huguenots et leurs métiers traditionnels, tissage du lin et teinture dans les premiers temps, puis production de produits boulangers, ont largement contribué à l'essor économique de la ville. Le groupe Milupa, aujourd'hui filiale de Danone, descend directement de cette origine. Le Musée des Huguenots de la ville vous invite à découvrir l'histoire des Huguenots de Friedrichsdorf. Il est recommandé de téléphoner au préalable afin de bénéficier d'une visite guidée, sur la trace des Huguenots.

Straßendorf Friedrichsdorf – Colonie de Huguenots Friedrichsdorf

Hugenotten-Städte
in der Umgebung von Frankfurt

Friedrichsdorf

Am Südhang des Taunus, knapp 20 Kilometer nördlich von Frankfurt liegt Friedrichsdorf. Den Namen gaben seine ersten Bewohner dem Ort aus Dankbarkeit gegenüber seinem Gründer, Landgraf Friedrich II. von Hessen Homburg, der 1687 für die Hugenotten eine neue Kolonie anlegte. Er gewährte ihnen Steuerfreiheit und gestand ihnen zu, ihre Sprache und Kultur weiterhin pflegen zu dürfen. Sogar Baugrund und Material stellte er zur Verfügung. 36 Familien folgten seiner Einladung, darunter die Familien *Rousselet*, *Garnier*, *Achard* und *Privat*.

Noch bis in die Jahre um 1900 konnten sie ihre französische Sprache als Sprache des täglichen Lebens erhalten. Die Hugenotten förderten mit ihren Handwerken – zuerst Leineweberei und Färberei, später Herstellung von Backwaren – den wirtschaftlichen Aufschwung der Stadt. Eine Nachfolgefirma dieser Ursprünge ist das Unternehmen Milupa, heute zur Gruppe Danone gehörend. Zum Kennenlernen der Geschichte der Hugenotten in Friedrichsdorf lädt das Hugenotten-Museum der Stadt ein. Für Stadtführungen auf den Spuren der Huge-notten empfiehlt sich eine telefonische Anmeldung.

Hugenotten-Museum Friedrichsdorf ; Fon: 06007-918682, 06172-7214
Geöffnet/Ouvert: Mi/Me + Do/Jeu 09:00-16:00 Uhr/h , Web: www.friedrichsdorf.de

Friedrichsdorf: Gründerdenkmal und Hugenottenkirche. – Friedrichsdorf : monument du fonda-teur et l'église fondée par les Huguenots.

Neu-Isenburg

Neu-Isenburg wurde im Jahre 1699 von Hugenotten gegründet. Ihr neuer Landesherr, Graf Johann Philipp von Isenburg-Offenbach, sicherte ihnen Schutz, freien Gebrauch der französischen Sprache und Religionsfreiheit zu. Zum Dank an den Grafen wurde die Stadt nach ihm *Neu-Isenburg* benannt. Die französischen Siedler legten mit ihren erlernten Handwerksberufen den Grundstein für die wirtschaftliche Entwicklung der Stadt. Im heutigen Neu-Isenburg erinnern der Name des Kulturzentrums *Hugenottenhalle*, die reformierte französische Gemeinde, einige französische Boutiquen-Namen im Isenburg-Zentrum, wie *Monsieur* und *Noblesse*, sowie der jährlich im September stattfindende *Hugenottenlauf* an die Gründungsgeschichte der Stadt.

Neu-Isenburg

Neu-Isenburg a été fondée en 1699 par les Huguenots. Leur nouveau souverain, le comte Johann Philipp von Isenburg-Offenbach, leur garantissait la protection, la libre utilisation de la langue française et la pratique de leur religion. En signe de gratitude envers le comte, ils donnèrent à la ville le nom de *Neu-Isenburg*. Les colons français avec leur savoir-faire dans le domaine de l'artisanat ont posé les bases du développement économique de la ville. Certains noms dans Neu-Isenburg tels que le centre culturel *Hugenottenhalle*, la communauté française protestante, certaines boutiques aux noms français dans le Isenburg-Zentrum comme *Monsieur* et *Noblesse*, ainsi que la traditionnelle course *Huguenottenlauf* en septembre, rappellent l'histoire de la fondation de la ville.

Teil 3

Clubs und Vereinigungen

Partie 3

Clubs et associations

Verein Expatriation-Allemagne

Der Verein Expatriation-Allemagne ist ein Netzwerk von Experten für Franzosen in Deutschland.

Diese unterstützen seine Mitglieder in Fragen bezüglich des deutschen Verwaltungs-, Steuer- und Sozialsystems.

Angestellte, Selbständige und Geschäftsführer von KMU finden hier frankophone qualifizierte Ansprechpartner in Deutschland.

Association Expatriation-Allemagne

L'association Expatriation-Allemagne est un réseau de professionnels à l'écoute et au service des Français d'Allemagne.

Elle soutient et accompagne ses adhérents dans leurs démarches administratives et agit pour une meilleure compréhension du système fiscal et social allemand.

Ses adhérents sont aussi bien des particuliers que des professions libérales et des PME à la recherche d'interlocuteurs francophones qualifiés en Allemagne.

Kontakt:
Association Expatriation-Allemagne
Weinstrasse 20, 60435 Frankfurt
Fon : +49 (0)69 36 60 53 94
Email: secretariat@expatriation-allemagne.com
Web: www.expatriation-allemagne.com
U-Bahn: U5 HH Sigmund-Freud-Strasse

Simplifiez-vous
l'Allemagne

Francfort Accueil e. V.

Créée en 1996, *Francfort Accueil e. V.* est une association qui a pour mission principale d'accueillir, de favoriser les échanges, d'aider à s'intégrer par le biais de nos activités et ainsi de nouer facilement des liens avec une population francophone et francophile. Un bureau élu, composé de bénévoles, gère l'ensemble des activités et veille au bon fonctionnement de cette association à but non lucratif, apolitique, non confessionnelle et non commerciale.

Un Café Accueil a lieu le 1er jeudi de chaque mois à partir de 10h30 – sauf pendant les vacances scolaires du Lycée Français »Victor Hugo« – dans un café du centre-ville (voir sur le site internet www.francfort-accueil.de pour plus d'information).

L'adhésion à l'association vous permet de participer à toutes les activités et sorties et vous donnera accès à l'espace adhérents de notre site, vous permettant de vous tenir informé et de participer à la vie de l'association.

Francfort Accueil est membre du réseau FIAFE (Fédération Internationale des Accueils Français et francophones à l'Etranger) présent dans plus de 200 villes, sur les cinq continents.

D'autres informations sur le site: www.fiafe.org

Francfort Accueil e. V.
Danielle Robert, Présidente
Email: francfortaccueil@hotmail.com
Web: www.francfort-accueil.de

Francfort Accueil e. V.

Francfort Accueil e. V. wurde im Jahre 1996 gegründet. Die Hauptaufgabe dieses Vereins besteht darin, zu empfangen, durch Aktivitäten zur Integration beizutragen und damit auch Bindungen zwischen der frankophonen und der frankophilen Bevölkerung zu fördern.

Ein Büro, bestehend aus Freiwilligen, leitet diese Aktivitäten und sorgt für gutes Funktionieren dieser Non-Profit Vereinigung. Sie ist unpolitisch, konfessionell und wirtschaftlich unabhängig.

Jeden ersten Donnerstag eines Monats findet ein Café Accueil statt, um 10:30 in einem Café im Zentrum von Frankfurt – außer während der Schulferien des Lycée Francais „Victor Hugo" (Weitere Informationen auf der Webseite des Vereins: www.francfort-accueil.de).

Als Mitglied dieses Vereins können Sie an allen Aktivitäten und Events teilnehmen. Außerdem haben Sie Zugriff auf die Seiten der Homepage des Vereins, die Mitgliedern vorbehalten ist. So bleiben Sie auf dem Laufenden über das Leben des Vereins und können Ihre Teilnahme daran sichern..

Francfort Accueuil ist Mitglied des Netzes FIAFE (Fédération Internationale des Accueils Français et francophones à l'Etranger). Sie ist in mehr als 200 Städten auf allen fünf Kontinenten präsent.

Mehr Informationen in www.fiafe.org

Francfort Accueil e. V.
Danielle Robert, Présidente
Email: francfortaccueil@hotmail.com
Web: www.francfort-accueil.de

ADFE Hessen e. V.

Association Démocratique des Français à l'Étranger e. V.

Français du Monde – ADFE est une organisation internationale de représentation des Français établis à l'étranger. Association reconnue d'utilité publique, elle a son siège en France et représente auprès des instances françaises les intérêts des Français résidant à l'étranger dans de nombreuses questions sociales et culturelles, enseignement, retraite, insertion professionnelle, citoyenneté française et autres. L'association a vocation à répondre aux attentes des Français de l'étranger quelles que soient leur condition et origine, en épaulant en particulier les plus vulnérables, en favorisant l'exercice de la citoyenneté et en militant pour la diversité des cultures.

Créée en 1983, l'Association régionale ADFE Hessen e. V. organise tout au long de l'année diverses activités favorisant les échanges au sein des communautés francophone, binationale et francophile ainsi que la promotion de la langue française et l'intégration des nouveaux arrivés : galette des rois, pique-nique, conférences, dictée, bourse aux livres, etc. Conformément à la vocation de l'organisation, elle est représentée dans diverses commissions consulaires et entretient des contacts étroits avec les instances de représentation française en Hesse.

Fortement engagée dans la promotion du bilinguisme, ADFE Hessen e. V. propose, dans le cadre de son activité *Animation Enfantine*, des rencontres hebdomadaires pour enfants francophones, pour la plupart binationaux. Le concept pédagogique vise l'amélioration des compétences linguistiques des enfants, l'enrichissement de leur vocabulaire et le renforcement de leur lien avec la culture française.

ADFE e. V.
Schifferstrasse 36, 60594 Frankfurt am Main
Présidente: Anne Henry-Werner
Birkenlohrstrasse 135, 63069 Offenbach
Fon: +49 (0)69 83 83 57 32
Email: contact@adfehessen.de /
Web: www.adfehessen.de et
www.adfehessen.de/Animationenfant/animation.htm

Animation Enfantine
le français pour enfants bilingues

ADFE Hessen e. V.

Association Démocratique des Français à l'Étranger e. V.

Die Organisation *ADFE Hessen e. V.* gehört zu *Français du Monde*, einem in Frankreich registrierten gemeinnützigen Verein, dessen Hauptzweck die weltweite Vertretung der im Ausland lebenden Franzosen gegenüber der französischen Administration auf verschiedenen Gebieten ist: soziale und wirtschaftliche Fragen, Kultur und Bildung, Bürgerrechte, berufliche Fragen, Wiedereingliederung und andere.

Diese Organisation existiert seit 1983 und organisiert das ganze Jahr über vielfältige Veranstaltungen für die französische Community. Dabei wird viel Wert gelegt auf die Förderung der französischen Sprache und der deutsch-französischen Freundschaft.

Schwerpunkt der Aktivitäten sind wöchentliche Treffen für französischsprachige Kinder, genannt *Animation Enfantine*. Das seit über 25 Jahren erprobte Konzept zielt auf die Verbesserung der Sprachkenntnisse der Kinder, die Bereicherung ihres Wortschatzes und die Verstärkung ihrer Beziehung zur französischen Kultur.

ADFE e. V.
Schifferstrasse 36, 60594 Frankfurt am Main
Anne Henry-Werner, Vorstandsvorsitzende
Birkenlohrstrasse 135, 63069 Offenbach
Fon: +49 (0)69 83 83 57 32
Email: contact@adfehessen.de /
Web: www.adfehessen.de und
www.adfehessen.de/Animationenfant/animation.htm

Tous les trimestres, retrouvez-nous dans

LE **CLUB DES AFFAIRES DE LA HESSE** BULLETIN

Président Fondateur : Jean Louis Dietrich

CLUB DES AFFAIRES DE LA HESSE

Die deutsch-französische Wirtschaftsvereinigung in Hessen

Der *Club des Affaires de la Hesse* ist das ideale deutsch-französische Kommunikationsforum für Wirtschaftskontakte in Frankfurt. Wir begrüßen Sie jeden zweiten Dienstag im Monat. Ein aktueller Vortrag bildet den Ausgangspunkt für anregende Diskussionen, die beim anschließenden Abendessen vertieft werden können. Unsere Treffen finden in der prestigeträchtigen Villa Bonn oder bei einladenden Firmen statt.

Herzlich Willkommen im Club des Affaires de la Hesse!

Club des Affaires de la Hesse

Le Club des Affaires de la Hesse e. V. est un cadre privilégié d'accueil et de rencontres d'affaires franco-allemandes à Francfort. Rejoignez-nous le deuxième mardi de chaque mois autour d'une conférence, d'un apéritif et d'un dîner amical pour vous informer, débattre d'un thème présenté par un conférencier choisi pour ses compétences et enrichir votre cercle de relations professionnelles. Nos réunions se déroulent dans la prestigieuse Villa Bonn ou chez les intervenants qui nous accueillent.

Soyez les bienvenus au Club des Affaires de la Hesse !

Club des Affaires de la Hesse e.V.
Fon: +49 (0)69 48 00 48 60
Email: secretariat@ca-hesse.de
Web: www.ca-hesse.de

Club des Affaires de la Hesse
Junior Club

La section junior a été créée au sein du Club des Affaires de la Hesse afin de promouvoir l'entente franco-allemande auprès des étudiants, des V.I.E. et des jeunes débutants dans la vie professionnelle et d'offrir un cadre spécifique répondant à leur attente. Les réunions mensuelles avec des intervenants de qualité sont agrémentées de manifestations plus ludiques : sorties culturelles, rallyes, «Stammtisch», sorties gastronomiques et autres.

Le mot d'ordre en est la convivialité !

Nous souhaitons que nos conférences, manifestations soient :

Un lieu d'accueil convivial :

Organisation, par exemple, d'un buffet alsacien après une conférence d'un intervenant de cette région, d'une dégustation de sushi après une présentation de l'art japonais des Mangas, ...

Un lieu de dialogue et d'ouverture :

Organisation d'un cycle « à la découverte des autres communautés vivant à Francfort ». Nous attachons une grande importance aux partenariats avec d'autres associations à Francfort avec la réalisation de manifestations communes comme les Wirtschaftsjunioren de la Chambre de Commerce de Francfort/Jeune Chambre Economique, ainsi qu'avec l'université de Francfort ou l'Association des Anciens Elèves de Sciences Po. Nous avons également proposé la mise en place d'un partenariat avec les autres Clubs d'Affaires Franco-Allemands pour permettre une ouverture plus grande sur le bassin franco-allemand avec des échanges sur l'emploi, les spécificités de chaque « Land » et pour faire partager notre expérience et aider d'autres associations à monter leur section junior.

Contact
Fon : +49 (0)69 48 00 48 60
Email : secretariat@ca-hesse.de

Club des Affaires de la Hesse
Junior Club

Die Junioren-Sektion wurde nur im Club des Affaires de la Hesse ins Leben gerufen, um deutsch-französische Verständigung unter den Studierenden von V.I.E. und jugendlichen Ankömmlingen im Berufsleben zu fördern. In diesem Rahmen finden Jugendliche geeignete Tipps, Unterstützung und Hilfe, die sie erwarten. Monatliche Treffen mit vertrauensvollen und kompetenten Stakeholdern bieten attraktive und feierliche Veranstaltungen: Kulturveranstaltungen, Kundgebungen, „Stammtisch", gastronomische Ausflüge und andere.

Der Leitsatz ist die Freundlichkeit!

Wir möchten unsere Konferenzen und Veranstaltungen wie folgt skizzieren:

Ein Ort des herzlichen Willkommens.

Zum Beispiel, das Organisieren eines elsässischen Buffets nach einem Vortrag von einem Redner aus dieser Region, eine Verkostung von Sushi nach einer Präsentation der japanischen Kunst Mangas …

Ein Ort des Dialogs und der Offenheit

Organisation eines Zyklus „zur Entdeckung von anderen Gemeinschaften in Frankfurt." Wir legen großen Wert auf Partnerschaften mit anderen Verbänden in Frankfurt mit der Realisierung von gemeinsamen Veranstaltungen: zum beispielmit den Wirtschaftsjunioren der IHK in Frankfurt/Jeune Chambre Economique, sowie mit der Universität Frankfurt und der Association des Anciens Elèves de Sciences Po.

Wir haben auch die Einrichtung einer Partnerschaft mit anderen deutsch-französischen Wirtschaftsclubs vorgeschlagen. Hiermit um eine größere Offenheit für die deutsch-französische Beziehungen zu ermöglichen, insbesondere dem deutsch-französischen Austausch auf dem Arbeitsmarkt, den Besonderheiten der einzelnen „Länder" und somit unsere Erfahrungen zu teilen und anderen Organisationen für die Errichtung ihrer Junior Sektion zu helfen.

Deutsch-Französische
Gesellschaft in
Frankfurt am Main e.V.

Société Franco-Allemande
de Francfort e. V. (SFA)

Suivre l'actualité politique, économique et culturelle en France, mieux comprendre les différences entre Français et Allemands, voilà les objectifs du programme de manifestations de la Société Franco-Allemande de Francfort.

Afin de faciliter une meilleure compréhension réciproque, nous organisons de nombreuses soirées-débats avec des décideurs français et allemands, et avons créé les *Chaires d'Économie Raymond Barre et de Sciences Sociales Alfred Grosser* à l'Université de Francfort. Les soirées culturelles, qu'il s'agisse de nos soirées littéraires ave c les lauréats des grands prix ou de nos soirées cinéma (une dizaine de films en v.o. projetés en exclusivité et avant-première) sont autant de liens avec l'actualité culturelle en France.

Le plus important peut-être: la SFA comptant plus de 600 membres actifs, pour deux tiers des Allemands francophones, nos manifestations sont autant de possibilités d'échanges et de contacts.

Nous serons très heureux de vous rencontrer à l'occasion de l'une ou l'autre de nos manifestations, toutes annoncées sur notre site internet dfg-frankfurt.de.

Christophe Braouet
President

Deutsch-Französische Gesellschaft Frankfurt am Main e.V.
Gerhardshainer Straße 15, 61462 Königstein
Fax: + 49 (0)61 742 092 60
Email: info@dfg-frankfurt.de
Web: www.dfg-frankfurt.de

Deutsch-Französische Gesellschaft Frankfurt am Main e.V. (DFG)

Die DFG wurde vor über 50 Jahren von dem damaligen Frankfurter Oberbürgermeister Bockelmann wieder ins Leben gerufen. Unser Ziel ist es Brücken zu schlagen zwischen beiden Ländern, durch eine bessere Kenntnis des Nachbarn. Mit über 600 Mitgliedern sind wir nun die bedeutendste in Deutschland.

Unsere Vortragsreihen mit politischen, wirtschaftlichen und gesellschaft lichen Themen ermöglichen eine offene Diskussion mit wesentlichen Ent scheidungsträgern beider Länder. Um die gewünschte bessere Verstän digung zu fördern, bedarf es auch einer institutionellen Verankerung. So sind die Einrichtungen der zwei Gastprofessuren in Wirtschafts- und Sozialwissenschaften an der Johann Wolfgang Goethe-Universität zu verstehen. Französischer Kultur darf in unserem Programm nicht zu kurz kommen: So präsentieren wir z.B. ca. 10 aktuelle französische Filme in Originalfassung (in Preview eine Woche vor der deutschen Fassung).

Jede Veranstaltung bietet vor allem eine Gelegenheit zum Meinungs-austausch und zur Kontaktaufnahme mit all den Frankreichfreunden im Rhein-Main-Gebiet.

Das aktuelle Programm ist auf der Web-Seite dfg-frankfurt.de zu lesen.

Christophe Braouet
Präsident

Deutsch-Französische Gesellschaft Frankfurt am Main e.V.
Gerhardshainer Straße 15, 61462 Königstein
Fax: + 49 (0)61 742 092 60
Email: info@dfg-frankfurt.de
Web: www.dfg-frankfurt.de

Le Stammtisch Français de Francfort

Le *Stammtisch* est une association informelle de personnes qui se rencontrent régulièrement pour cultiver la langue et la culture française à Francfort et pour promouvoir les relationsles relations franco-allemandes.

Fondée en 1995, cette table ronde compte actuellement plus de 300 membres et sympathisants dans la région de Francfort. Aux réunions hebdomadaires du jeudi soir participent généralement entre 15 et 25 personnes : la langue de communication y est le Français.

En dehors de ces rencontres, nos activités comprennent des visites d'expositions, de concerts et de pièces de théâtre, des promenades ainsi que des voyages. Le 14 juillet nous faisons la fête avec les autres associations de la communauté française.

Notre association est aussi en contact avec le *SympaTisch de Lyon* – ville jumelée avec Francfort – qui est le pendant à notre démarche franco-allemande en France.

Tout nouveau membre sera le bienvenu. La participation est gratuite. Pour nous joindre svp. contacter :

M. Paolo Esposito,
Fon : +49 (0)175-2700127
Email: stammtischfrancais@freenet.de

Der Frankfurter Französische Stammtisch

Der *Stammtisch* ist eine informelle Vereinigung von Menschen aus aller Welt, die sich der französischen Kultur und Sprache verbunden fühlen.

Sie wurde 1995 gegründet und zählt zurzeit mehr als 300 Mitglieder und Sympathisanten im Frankfurter Raum. An den wöchentlichen Donnerstags-Treffen, bei denen nur Französisch gesprochen wird, nehmen in der Regel 15 bis 25 Mitglieder teil.

Gelegentlich besuchen wir gemeinsam eine Ausstellung, ein Konzert oder ein Theaterstück mit französischem Bezug, organisieren eine Wanderung oder auch einen mehrtägigen Ausflug. Den 14. Juli feiern wir gemeinsam mit den anderen französischen Vereinigungen.

Unsere Vereinigung hat langjährige Kontakte zum Lyoner *SympaTisch*, unserem französischen Pendant in Frankfurts Partnerstadt, das die deutsche Sprache und Kultur pflegt.

Wir freuen uns immer über neue Mitglieder. Die Teilnahme an unseren Treffen ist kostenlos. Um uns zu erreichen, wenden Sie sich bitte an:

M. Paolo Esposito,
Fon : +49 (0)175-2700127
Email: stammtischfrancais@freenet.de

Deutsch Französischer Kreis Darmstadt e.V. (DFKD)

Le DFKD a été fondé il y a plus de 30 ans. Il est l'une des plus grandes associations de ce type dans la région Rhin-Main. Notre but est de fédérer l'échange culturel entre les deux pays et de soutenir la langue française à Darmstadt.

Nous proposons aux enfants jusqu'à la fin de l'école primaire des cours de francais qui ont lieu le mercredi après-midi (Vive les Gamins). Dans ce cadre, les enfants ont la possibilité de pratiquer la langue française en s'amusant.

Nous avons importé à Darmstadt depuis plus de 15 ans la Fête de la musique, qui a traditionnellement lieu fin juin en France. Il est possible de passer sur le Platanenhain de la Mathildenhöhe une soirée très agréable dans un cadre magnifique, avec de la musique française, du vin et des mets savoureux.

La possibilité est de plus offerte durant toute l'année de partager des évènements culturels du plus haut niveau, comme par exemple de soirées françaises, un café littéraire, des dégustations de vin, une excursion au salon des vignerons indépendants à Strasbourg, des présentations thématiques intéressantes et des évènements musicaux.

Alexander Gassmann
Président

Deutsch Französischer Kreis Darmstadt e.V.
Postfach 10 05 07, 64205 Darmstadt
Fon: +49 (0) 6151 62 74 970
Email: info@dfkd.de
Web: www.dfkd.de

Deutsch Französischer Kreis Darmstadt e.V. (DFKD)

Der DF KD wurde vor über 30 Jahren gegründet. Mit über 150 Mitgliedern sind wir einer der größten Vereine dieser Art im Rhein-Main Gebiet. Unser Ziel ist es, den Kulturaustausch zwischen beiden Ländern zu fördern und die französische Sprache in Darmstadt bekannter zu machen.

Wir bieten für Kinder bis zum Ende der Grundschule einen Unterricht in Französisch an, der Mittwoch nachmittags stattfindet (Vive les Gamins). Dort haben die Kinder die Möglichkeit, die französische Sprache spielerisch zu praktizieren.

Wir haben vor 15 Jahren die Fête de la Musique nach Darmstadt gebracht, die in Frankreich traditionell Ende Juni ausgerichtet wird. Seither organisiert unser Verein dieses Fest jährlich im Platanenhain auf der Mathildenhöhe in diesem wunderschönen Ambiente mit französischer Musik, bei Wein und nettem Essen.

Darüber hinaus gibt es das ganze Jahr über die Möglichkeit, gemeinsam interessante Events zu teilen, wie zum Beispiel Französische Abende, Literaturcafé, Weinproben, Fahrten zum *Salon des Vignerons Indépendants de Strasbourg*, spannende Vorträge und Musikveranstaltungen.

Alexander Gassmann
Präsident

Deutsch Französischer Kreis Darmstadt e.V.
Postfach 10 05 07, 64205 Darmstadt
Fon: +49 (0) 6151 62 74 970
Email: info@dfkd.de
Web: www.dfkd.de

Société Franco-Allemande de Wetzlar e. V.

La Société Franco-Allemande de Wetzlar fut fondée en 1955 sur l'initiative de Mme Dr. Elsie Kühn-Leitz. Elle compte un peu moins de 100 membres actuellement.

Ses buts principaux sont la propagation de la connaissance du pays voisin et de sa culture et civilisation, et surtout l'entretien des relations amicales avec Avignon, notre ville jumelle.

Le jumelage et la fondation de la DFG furent incités par le chancelier Konrad Adenauer dans le but d'empêcher pour l'avenir par l'amitié entre les citoyens et les communes qu'il y ait encore des guerres.

Ainsi le jumelage entre Wetzlar et Avignon et la DFG ont acquis un statut de modèle bien au-delà de la région.

C'est à Wetzlar aussi qu'en 1957 sont nées la VDFG et la FAFA pour l'Europe qui groupent aujourd'hui les associations Franco-Allemandes dans les deux pays partenaires.

À côté de l'entretien des contacts amicaux entre les villes jumelées, notre programme porte surtout sur la culture.

Des représentations de théâtre en français, des conférences sur la géographie, la politique et la littérature, des soirées de lecture bilingue, des concerts, des récitals de chansonniers, des soirée de films français en VO, des voyages de connaissance des régions de France, des visites d'expositions d'art sont des exemples de notre travail permanent.

À côté de cela, nous nous occupons aussi de la convivialité. Nous nous rencontrons pour jouer aux boules et pour préparer ensemble de bons repas à la française et les déguster.

Chaque année, nous honorons le/la meilleur(e) lycéen(ne) au baccalauréat en Français avec notre « Prix Frédéric Mistral ».

Et nous coopérons avec le réseau des autres associations bi-nationales de Wetzlar et sa région.

Ingolf Hoefer, président

Société Franco-Allemande de Wetzlar e. V.
Gotenweg 70, 35578 Wetzlar
Fon:/Fax: 06441 26206
Email: hoefer@gesahu.de
Web: www.dfg-wetzlar.de

Deutsch-Französische Gesellschaft Wetzlar e.V.

Die DFG Wetzlar wurde im Jahr 1955 auf Betreiben von Frau Dr. Elsie Kühn-Leitz begründet. Sie hat heute knapp 100 Mitglieder.

Neben der Verbreitung und Pflege der Kenntnis des Nachbarlands und seiner Kultur war und ist ihr Hauptschwerpunkt die Pflege der Beziehungen zur Partnerstadt Avignon.

Die Initiierung der Partnerschaften und der Gründung der DFG Wetzlar erfolgte im intensiven Gedankenaustausch mit dem damaligen Bundeskanzler Adenauer, um durch persönliche Freundschaften von Bürger zu Bürger und von Kommune zu Kommune für die Zukunft Kriege zu verhindern.

Damit bekamen die Partnerschaft Wetzlar-Avignon und die DFG Wetzlar überregionalen Modellcharakter.

In Wetzlar wurde auch im Jahr 1957 der Arbeitskreis Deutsch-Französischer Gesellschaften gegründet, der heute in der Doppelorganisation VDFG und FAFA pour l'Europe weiterlebt.

Neben der Partnerschaftspflege sind unsere Schwerpunkte vor allem im kulturellen Bereich angesiedelt: Französische Theateraufführungen, landes- und literaturkundliche Vorträge, Lesungen, Konzerte, Chansonabende, Filmabende, Vorträge und Diskussionen zu aktuellen Fragen, landeskundliche Studienfahrten und Ausstellungsbesuche prägen unser Programm.

Daneben bieten wir auch gesellige Kontakte, wie Boule-Spiel und Koch- und Genussveranstaltungen zur Pflege der französischen Küche.

Wir verleihen jährlich für die beste Abiturleistung im Fach Französisch den „Prix Frédéric Mistral" mit einer wertvollen Buchprämie.

Wir arbeiten in einem Verbund von weiteren bi-nationalen Partnerschaftsgesellschaften in Wetzlar

Ingolf Hoefer, Präsident

Deutsch-Französische Gesellschaft Wetzlar e.V.
Gotenweg 70, 35578 Wetzlar
Fon:/Fax: 06441 26206
Email: hoefer@gesahu.de
Web: www.dfg-wetzlar.de

CLUB DES ALSACIENS FREUNDE DES ELSASS

Notre association forte d'une centaine de membres a été créée le 12 octobre 1992 à Francfort. Elle est adhérente à l'*Union Internationale des Alsaciens (UIA)* qui est la fédération des diverses associations d'Alsaciens dans le monde, et qui compte près de 30 associations et plus de 1000 membres dans plus de 110 pays.

Comme toute association, la vocation première du Club consiste à développer des liens d'amitié entre les membres. Mais son implantation francfortoise lui confère aussi d'autres vocations : d'abord, promouvoir l'Alsace en Allemagne, son image, sa culture, ses coûtumes et ses traditions et contribuer, modestement, au développement des relations entre la France et l'Allemagne.

Basées sur la convivialité et organisées de façon régulière ou ponctuelle, les activités, annoncées dans le *Elsässer Blätt'l* (courrier d'informations destiné aux membres et sympathisants), s'articulent autour de l'organisation d'un Stammtisch mensuel et de diverses manifestations spécifiques : conférence débat, excursion, soirée théâtrale ou culturelle, soirée gastronomique … et, en septembre, l'événement traditionnel : *la Semaine Alsacienne* – un marché avec des produits alsaciens à déguster sur place ou à emporter et des manifestations typiques.

Au plaisir de vous rencontrer … À bientôt !

Comité Club des Alsaciens – Freunde des Elsass

Club des Alsaciens – Freunde des Elsass e. V.
c/o APA Deutschland
Wilhelm-Leuschner-Strasse 9-11
60329 Frankfurt am Main
Fon: + 49 (0) 611 56 25 49, Fax + 49 (0) 611 95 66 249
Email: info@alsacemonde.de
Web: www.elsässerverein-frankfurt.de

SEMAINE ALSACIENNE - ELSÄSSER WOCHE 2014

Elsässer Markt

DANKESCHÖN

Der Vorstand des Elsässer Vereins bedankt sich ganz herzlich bei allen, die zum Gelingen unserer Elsässer Woche beigetragen haben!

A CEUX QUI NOUS ONT SOUTENUS :
Air France • Atout France Francfort • Stadt Frankfurt am Main • Flammkuchen Ries • Tourismus Elsass • Gerdas kleine Weltbühne • Maaschanz • A Girard Selection GmbH

Quelle/Source: S' Elsässer Blättl, Décembre 2014, S./p. 16

CLUB DES ALSACIENS FREUNDE DES ELSASS

Der Verein *Club des Alsaciens – Freunde des Elsass* wurde am 12. Oktober 1992 in Frankfurt gegründet. Er hat zurzeit mehr als 100 Mitglieder in der Region Frankfurt am Main und ist Teil der weltweit tätigen *Union Internationale des Alsaciens (UIA)*, die mit über 1.000 Mitgliedern in 110 Ländern vertreten ist.

Das wichtigste Ziel des Vereins ist es, unter unseren Mitgliedern wechselseitige Freundschaften aufzubauen, zu pflegen und dadurch auch die deutsch-französischen Beziehungen zu vertiefen. Weiterhin wollen wir den hier im Raum Frankfurt lebenden Mitgliedern das Elsass mit seiner Kultur, seinen Bräuchen und Traditionen näherbringen.

Zu diesem Zweck organisieren wir regelmäßige und abwechslungsreiche Veranstaltungen, die wir in unserem VereinsInformationsblatt, dem *Elsässer Blätt'l* ankündigen und beschreiben. Diese monatlichen Stammtische sind unterschiedlicher Art, z. B. Kultur- und Theaterabende, Vorträge, Besichtigungen. Manchmal treffen wir uns einfach zum Essen in einem der Restaurants unserer Mitglieder. Ein Höhepunkt ist jedes Jahr die *Elsässer Woche* im September auf dem Paulsplatz in Frankfurt – ein Markt mit vielen elsässischen Ständen aus den Bereichen Kultur, Tourismus und Gastronomie und mit zahlreichen Veranstaltungen.

Wir freuen uns darauf, Sie kennenzulernen und vielleicht demnächst in einer unserer gemütlichen Runden persönlich zu begrüßen.

Bis bald!

Vorstand Club des Alsaciens – Freunde des Elsass

Club des Alsaciens – Freunde des Elsass e. V.
c/o APA Deutschland
Wilhelm-Leuschner-Strasse 9-11
60329 Frankfurt am Main
Fon: + 49 (0) 611 56 25 49, Fax + 49 (0) 611 95 66 249
Email: info@alsacemonde.de
Web: www.elsässerverein-frankfurt.de

Club d'Affaires Franco-Allemand Bordeaux-Aquitaine

Le partenariat privilégié entre l'Aquitaine et la Hesse se manifeste également dans notre réseau des clubs d'affaires : 19 clubs avec plus de 2000 membres en France et en Allemagne.
Notre club aquitain a pour vocation de :

Rassembler

des professionnels de l'économie franco-allemande pour leur permettre d'échanger sur leurs expériences, leurs meilleures pratiques, des idées et des outils.

Dynamiser

les échanges entre l'Allemagne et l'Aquitaine en présentant des cas pratiques via un cycle de conférences publiques.

Soutenir

les entreprises par la mise en relation avec des experts de l'Allemagne (ressources humaines, commercial, traduction, logistique, juridique, communication, etc.).

Notre club et ses membres sont à votre disposition pour tous vos projets franco-allemands en Aquitaine :

www.cafa-bordeaux-aquitaine.com

Salutations franco-allemandes,

Rik Dams, Président

Deutsch-Französischer Wirtschaftsclub Bordeaux-Aquitanien

Die starke Partnerschaft zwischen Hessen und Aquitanien gilt auch im Netzwerk der Wirtschaftsclubs: 19 Clubs, über 2000 Mitglieder in Frankreich und Deutschland.
Unser Club in Aquitanien hat sich folgende Ziele gesetzt:

Vernetzung

von Führungskräften, die im deutsch-französischen Geschäftsfeld tätig sind, durch Austausch von Erfahrungen, Ideen und Tools.

Förderung

des wirtschaftlichen Austauschs zwischen der Region Aquitanien und Deutschland durch Präsentation von Praxisbeispielen in öffentlichen Konferenzen.

Unterstützung

der Unternehmen durch Kontakte zu deutsch-französischen Experten (HR, Vertrieb, Übersetzung, Logistik, Recht, Kommunikation etc.).

Unser Club und seine Mitglieder helfen Ihnen gerne bei allen Ihren deutsch-französischen Projekten in Aquitanien:

www.cafa-bordeaux-aquitaine.com

Mit deutsch-französischen, freundlichen Grüßen

Rik Dams, Präsident

Der Club V.I.E.
Le Club V.I.E.

Der *Club V.I.E* – das sind die Initialen des französischen Namens *Club des Volontaires Internationaux pour Entreprendre*. Die französische Organisation *Business France* verwaltet das V.I.E Programm. Mit diesem Programm bieten französische Firmen europäischen Jugendlichen bis zum Alter von 28 Jahren eine Stelle im Ausland an. Der Vertrag kann 6 bis 24 Monate dauern.

Der *Club V.I.E* vereinigt weltweit die ehemalige V.I.E. Der Club V.I.E in Frankfurt und Umgebung ist seit 2014 aktiv. Um Mitglied zu werden, melden Sie sich bitte über die Website www.clubvie.fr an. Bei Fragen wenden Sie sich an *Marion Lehmbecker,* marion.lehmbecker@gmail. com, verantwortlich für den *Club V.I.E* in Frankfurt und Umgebung.

Le *Club des Volontaires Internationaux pour Entreprendre* (Club V.I.E) est le 1er réseau de talents internationaux. Depuis 2006, il fédère les « forces vives françaises de l'International » en France et à l'étranger autour d'un noyau dur, celui des anciens coopérants, VIE et VIA. Ses objectifs sont les suivants:

- Le développement professionnel de ses membres,
- Le rayonnement des entrepreneurs.
- La croissance des échanges internationaux.

Dans chaque pays, des responsables du Club sont nommés afin d'animer le réseau localement en organisant des rencontres entre membres. *Le Club V.I.E Francfort* est actif depuis 2014.

Anciens V.I., inscrivez-vous sur le site du Club www.clubvie.fr.
Pour toute question, n'hésitez pas à contacter la responsable du Club à Francfort : *Marion Lehmbecker*, marion.lehmbecker@gmail.com

[1]Le *Volontariat International en Entreprise* (V.I.E) est un programme géré par *Business France*, qui permet aux entreprises françaises de confier une mission professionnelle à l'étranger à un jeune européen (jusque 28 ans). Une mission dure entre 6 et 24 mois.

Club V.I.E. Frankfurt
Marion Lehmbecker
Fon: +49 (0)176 72 93 95 18
Email: marion.lehmbecker@gmail.com
Web: www.clubvie.fr.

Teil 4

Französische Firmen

Partie 4

Entreprises Françaises

SCHOMMER CONSTANTIN

VOUS CONNAISSEZ VOTRE OBJECTIF
NOUS CONNAISSONS LE CHEMIN POUR L'ATTEINDRE

Dans la vie professionnelle, il est bon de planifier chaque étape avec soin. L'expérience apporte la sécurité requise pour prévenir les risques. La capacité acquise par une longue pratique nous aide à répondre aux attentes, celles par exemple exprimées par vos partenaires et vos clients, par les investisseurs et les législateurs.

Nous assurons le suivi d'entreprises nationales et internationales dans les domaines du tertiaire, de la santé, du commerce et de l'industrie dans des disciplines telles que l'audit, le conseil fiscal et juridique ainsi que le conseil aux entreprises, et ce dans toutes les phases essentielles que traverse une entreprise – depuis sa création jusqu'à sa vente.

Ce concentré de compétences nous permet de vous proposer des solutions efficaces et innovantes qui vous permettront, à vous et votre société, de gravir les étapes conduisant vers le sommet.

Constantin GmbH, Wirtschaftsprüfungsgesellschaft
info@constantin.de
www.constantin.de

SCHOMMER
CONSTANTIN

Jusqu'où pouvons-nous vous accompagner ?

Quelles que soient les prestations que vous choisirez au sein de notre portefeuille, vous pourrez compter sur notre engagement et sur nos collaborateurs hautement qualifiés pour vous accompagner sur la voie du succès.

Créativité, enthousiasme et volonté de réussite sont les atouts qui nous permettent de nous améliorer en permanence pour vous proposer un service toujours meilleur, indépendamment de la taille de votre entreprise ou de l'ampleur du mandat que vous nous confiez.

Nos prestations

Audit
- ▶ Réalisation d'audits légaux des comptes conformément aux dispositions du Code de commerce et d'audits statutaires et volontaires
- ▶ Audits selon les dispositions internationales (IFRS/US GAAP)
- ▶ Contrôles spécifiques et d'acquisitions pour actionnaires ou investisseurs (Due Diligence)

Conseil fiscal
- ▶ Conseil pour l'optimisation des structures fiscales du mandant
- ▶ Etablissement de comptes annuels et de bilans fiscaux
- ▶ Assistance aux contrôles fiscaux

Prestations complémentaires
- ▶ Soutien par un conseil en matière de création d'entreprise et de contrats (contrats de société, inscriptions au registre du commerce et déclarations d'activité, contrats de travail, statuts, etc.)
- ▶ Etablissement de la comptabilité financière et salariale, y compris la prise en charge de la correspondance avec les autorités, les caisses maladie et autres organismes externes
- ▶ Accompagnement de contrôles des assurances sociales et des associations préventives des accidents du travail

Constantin GmbH, Wirtschaftsprüfungsgesellschaft
info@constantin.de
www.constantin.de

Frankfurt am Main, Dr. Theodor-Stern-Kai
Francfort-sur-le-Main, Quai Dr. Theodor Stern

Une équipe franco-allemande
au service de votre développement

Vous souhaitez démarrer ou développer une activité commerciale et profiter des opportunités offertes par le marché allemand ou le marché français? Vous disposez déjà d'une implantation ou d'une succursale en Allemagne ou en France?

Depuis plus de 30 ans, nous sommes un partenaire privilégié pour l'expertise-comptable, le conseil juridique et fiscal, l'audit dans le domaine franco-allemand. Notre équipe constituée de plus de 60 professionnels bilingues et biculturels allie connaissance approfondie du marché local et expertise multisectorielle. Nous mettons à votre service notre longue expérience et nos excellents contacts au sein des marchés allemand et français dans nos 39 bureaux en France et nos 6 bureaux en Allemagne.

Par notre approche pluridisciplinaire, nous vous offrons des solutions sur mesure prenant en compte vos intérêts :

l'externalisation de vos fonctions comptables, fiscales ou financières
la mise en conformité de vos activités avec les réglementations du pays d'implantation
la mise en place de votre reporting comptable et financier
l'accompagnement dans vos projets de croissance externe
(audit, acquisition, évaluation, ...)
la certification des comptes dans un environnement à référentiels comptables multiples

Mazars est une organisation intégrée et indépendante qui s'appuie sur les compétences de 14 000 professionnels présents dans 73 pays pour accompagner votre développement à l'international.

Vos contacts MAZARS à Francfort:

Jean-Marc Fournier
Tél. : +49 (0) 69 96765 1139
jean-marc.fournier@mazars.de

Oliver Theobald
Tél. : +49 (0) 69 96765 1157
oliver.theobald@mazars.de

M✦ M A Z A R S

Expatriation France-Allemagne

Interview avec Tobias Mackenrodt, Avocat et Conseiller fiscal, Gérant de Mazars Tax GmbH

CCP : En raison de ses origines, MAZARS conseille également de nombreuses entreprises françaises ainsi que leurs expatriés en Allemagne. Quels sont les principaux défis à relever pour les expatriés d'un point de vue fiscal ?

T. M. : Les expatriés doivent tout d'abord s'enregistrer auprès de la commune dans laquelle ils résident. Cette démarche est nécessaire pour l'obtention d'un numéro d'identification fiscale auprès de l'Office Central Fédéral des Impôts. Ce numéro permet à l'employeur d'avoir accès aux données personnelles requises pour le calcul et le paiement de l'impôt sur les salaires, dans le cadre du paiement mensuel des salaires. Le système d'imposition en Allemagne est bien souvent méconnu, en particulier le fait que l'employeur réalise directement la retenue et le prélèvement à la source de l'impôt sur les salaires. La France ne dispose pas d'un tel système. Bien sûr, les questions de sécurité sociale sont également importantes pour les collaborateurs.

CCP : Comment les revenus qui proviennent d'un travail salarié sont-ils imposés et comment éviter une double imposition ?

T. M. : Si un salarié est assujetti à l'impôt en Allemagne, ses revenus mondiaux sont imposables en Allemagne. Cependant, il existe un traité sur la double imposition entre la France et l'Allemagne. Le droit fiscal applicable à ses revenus de travailleur salarié est fonction de son pays de résidence ou d'exercice de ses activités, de son employeur économique et de l'applicabilité de la règle des 183 jours. Dans le cas où le droit applicable est le droit allemand, la France exonère ces revenus de l'impôt français.

CCP : Quelles sont les conséquences dans le cas où l'époux(se) et les enfants ne rejoignent pas l'expatrié(e) en Allemagne et l'époux(se) exerce une activité professionnelle en France ?

T. M. : Cela pose tout d'abord la question du pays de résidence du salarié. Si l'expatrié(e) a un domicile dans les deux pays ou s'il y séjourne régulièrement, c'est son centre d'intérêts vitaux qui est déterminant, en d'autres termes le pays dans lequel se situent ses principaux intérêts personnels et économiques. De plus, les époux peuvent déposer une déclaration de revenus commune. Dans ce cas, les revenus de l'époux(se) sont certes imposés en France, mais ils influent sur le mon-

Mitarbeiterentsendung Frankreich-Deutschland

Interview mit Tobias Mackenrodt, Rechtsanwalt und Steuerberater, Geschäftsführer der Mazars Tax GmbH

CCP: Mit Blick auf die französischen Ursprünge von MAZARS betreuen Sie häufig auch Unternehmen aus Frankreich und deren nach Deutschland entsandte Mitarbeiter. Welche sind die größten Herausforderungen für die entsandten Mitarbeiter?

T. M.: Entsandte Mitarbeiter sind zunächst einmal damit befasst, sich beim zuständigen Einwohnermeldeamt anzumelden. Dies ist Voraussetzung, eine Steuer-Identifikationsnummer vom Bundeszentralamt für Steuern zu erhalten. Diese wird für den Abruf von Lohnsteuer-Abzugsmerkmalen eines Mitarbeiters im Rahmen der monatlichen Lohnabrechnung benötigt. Das Verständnis für das deutsche Besteuerungssystem, insbesondere für die Verpflichtung des Arbeitgebers Lohnsteuer einzubehalten und abzuführen, ist oft nicht vorhanden. Frankreich selbst hat ja ein solches Lohnsteuersystem nicht. Sozialversicherungsrechtliche Themenstellungen haben natürlich immer eine wichtige Bedeutung für den Mitarbeiter.

CCP: Wie regelt sich die Besteuerung der nichtselbständigen Einkünfte, wie wird eine Doppelbesteuerung vermieden?

T. M.: Soweit ein Mitarbeiter in Deutschland unbeschränkt steuerpflichtig ist, unterliegt er mit seinem Welteinkommen der deutschen Besteuerung. Zwischen Frankreich und Deutschland besteht jedoch ein Doppelbesteuerungsabkommen. Das Besteuerungsrecht für seine nichtselbständigen Einkünfte richtet sich danach, welcher Staat der Ansässigkeits- bzw. Tätigkeitsstaat ist, welches Unternehmen sein wirtschaftlicher Arbeitgeber ist und ob die sogenannte 183-Tage-Regelung anwendbar ist. Soweit das Besteuerungsrecht in Deutschland liegt, stellt Frankreich diese Einkünfte von der Besteuerung frei.

CCP: Welche Auswirkungen hat es, wenn Ehefrau und Kinder den Mitarbeiter nicht bzw. mit nach Deutschland begleiten und die Ehefrau in Frankreich erwerbstätig ist?

T. M.: Zunächst hat dies Auswirkungen auf die Frage der Ansässigkeit des Mitarbeiters. Besteht in beiden Ländern ein Wohnsitz oder gewöhnlicher Aufenthalt, so ist der Mittelpunkt der Lebensbeziehungen maßgeblich, also zu welchem Staat die näheren persönlichen und wirtschaftlichen Beziehungen bestehen. Der Mitarbeiter kann außerdem grundsätzlich mit seiner Ehefrau zusammenveranlagt werden. Die

tant du taux d'imposition applicable aux revenus de l'expatrié(e). Dans le cas où la famille accompagne le salarié en Allemagne, ils peuvent déposer une demande d'allocations familiales ainsi que faire valoir des abattements pour les enfants ou d'éventuels frais de garderie dans leur déclaration d'impôt sur le revenu.

CCP : Quelles sont les règles qui prévalent en Allemagne pour déposer sa déclaration annuelle de revenus ?

T. M. : Le délai légal de dépôt de la déclaration de revenus en Allemagne est fixé au 31 mai de l'année suivante. Si l'expatrié(e) se fait représenter par un conseiller fiscal, le délai est prolongé jusqu'au 31 décembre de l'année suivante.

CCP : Le salarié est-il tenu de cotiser au régime de sécurité sociale allemand dans le cadre de son expatriation ?

T. M. : Les expatriés continuent à adhérer au régime de sécurité sociale du pays d'origine dans le cadre d'une expatriation de 24 mois. A ce titre, chaque salarié doit se procurer une attestation A1 auprès de sa caisse maladie française le dispensant alors de cotiser en Allemagne.

CCP : Comment faire en sorte que l'expatriation n'ait pas d'effets fiscaux défavorables pour les salariés ?

En convenant d'un salaire net, le salarié ne subit aucun effet positif ou négatif par rapport à son pays d'origine. L'employeur prend l'impôt à sa charge dans le pays d'accueil (Allemagne), en contre-partie le pays d'origine (France) retient un montant d'impôt fictif sur le salaire français correspondant à l'impôt dû en France.

CCP : Une expatriation a toujours des conséquences pour les salariés, que ce soit dans leur pays d'origine ou dans le pays d'accueil. Êtes-vous en mesure de conseiller les salariés dans les deux pays ?

T. M. : MAZARS est représenté dans le monde entier et est par conséquent en mesure de proposer des solutions transfrontalières adaptées et efficaces, non seulement aux expatriés mais aussi aux entreprises de tous secteurs.

Mazars GmbH, Tobias Mackenrodt,
tobias.mackenrodt@mazars.de
Mazars GmbH, Oliver Theobald,
oliver.theobald@mazars.de

Einkünfte der Ehefrau werden in Frankreich versteuert, jedoch haben diese Einkünfte Auswirkungen auf die Höhe des Steuersatzes, welcher auf die Einkünfte des Ehegatten angewandt werden. Falls die Familie den Mitarbeiter nach Deutschland begleitet, sind sie berechtigt, Kindergeld zu beantragen, können Freibeträge für Kinder und ggf. Kinderbetreuungskosten in der Steuererklärung ansetzen.

CCP: Welche Regelungen gelten für die Abgabe der jährlichen Einkommensteuererklärung in Deutschland?

T. M.: Die Abgabefrist für die Erklärung endet am 31. Mai des Folgejahres. Liegt dem Finanzamt eine steuerliche Vollmacht vor, endet die Frist am 31. Dezember des Folgejahres.

CCP: Muss der Mitarbeiter im Rahmen seiner Entsendung Beiträge in das deutsche Sozialversicherungssystem leisten?

T. M.: Die sozialversicherungsrechtlichen Regelungen des Heimatlandes gelten im Rahmen einer Entsendung für 24 Monate fort. Hierfür ist in Frankreich eine sog. A1 Bescheinigung zu beantragen. Eine Verpflichtung, Beiträge in Deutschland zu zahlen, besteht dann nicht.

CCP: Für den entsandten Mitarbeiter soll sich die Entsendung nicht negativ auswirken. Wie wird dies für den Mitarbeiter bewirkt?

T. M.: Im Rahmen einer sog. Nettolohnvereinbarung soll der Mitarbeiter nicht schlechter und nicht besser gestellt werden, als wäre er im Heimatland geblieben. Im Gastland trägt der Arbeitgeber die Steuer, in der Gehaltsabrechnung des Heimatlandes wird eine sog. Hypotax vom Gehalt einbehalten, welche der Heimatlandsteuer entspricht.

CCP: Entsendungen haben für unsere Mitarbeiter immer eine Auswirkung im Heimat- und Gastland. Können Sie in beiden Ländern eine Betreuung durch Ihre Berater gewährleisten?

T. M.: Die MAZARS Gruppe ist weltweit vertreten, daher bieten wir grenzüberschreitende Lösungen ohne Reibungsverluste nicht nur für Expatriates, sondern auch für Unternehmen aller Branchen.

Mazars GmbH, Tobias Mackenrodt,
tobias.mackenrodt@mazars.de

M MAZARS

Frankfurt am Main. Blick auf das Bankenviertel von der Sachsenhäuser Seite des Flusses aus.
Francfort-sur-le-Main. Vue sur le quartier bancaire dès la côté Sachsenhausen du fleuve

Coaching, interkulturelles Training und Mediation

Klären – fokussieren – verändern
Krisen als Chance nutzen

Das Deutsch-Französische-Institut für kulturelle Kommunikation und systemische Lösungen ist ein kompetenter Ansprechpartner, um Ihnen dabei zu helfen:

- Synergie-Effekte optimal zu nutzen und Kulturschocks zu vermeiden.
- Neue Ziele und Perspektiven zu entwickeln.
- Einen adäquaten und notwendigen Kommunikationsstil zu finden, um im Rhein-Main-Gebiet gehört zu werden.
- Sich von bestimmten Mustern und Blockaden zu lösen.
- Bei festgefahrenen Konflikten ggf. nachhaltige und kostensparende alternative Lösungen durch Mediation statt teurer Gerichtsverfahren zu finden.

Coaching, trainings interculturels et méditation

Éclaircir – Visualiser – Transformer
Crise comme chance

L´institut franco-allemand pour la communication interculturelle et les solutions systémiques est un partenaire compétent, pour vous aider à :

- Exploiter les synergies et éviter le choc culturel.
- Développer de nouveaux objectifs et de nouvelles perspectives.
- Élaborer un nouveau style de communication approprié dans la région du Rhin.
- Vous débarrasser de blocages psychologiques et reprendre confiance en vous.
- Rechercher une méthode moins couteuse que les poursuites judiciaires et de courte durée.

Sie finden uns / Nos coordonnées:

Geneviève Prat : +49 69 95 63 57 18 – Cell: +49 179 124 82 47
Systemische Beratung, Interkulturelles Training & Mediation
www.df-institut.de / Email: info@ df-institut.de

DFI Deutsch-Französchisches Institut
für interkulturelle Kommunikation und
systemische Lösungen ● ● ●

Welche Unterstützung kann ein Relocationservice bieten?

Relocationagenturen bieten Unternehmen und Privatpersonen Lösungen an, um die Versetzung ins Ausland so reibungslos und kosteneffektiv wie möglich zu gestalten. Viele der in Frankfurt ansässigen Agenturen offerieren ein umfassendes und auf jeden Mitarbeiter individuell zugeschnittenes Betreuungsprogramm. Neben den zunehmend erschwerten Bedingungen auf dem Frankfurter Wohnungsmarkt können behördliche Formalitäten (Visum, Arbeits-/Aufenthaltserlaubnis etc.) eine komplexe und zeitintensive Herausforderung darstellen.

Relocationagenturen entlasten das Unternehmen sowie deren Mitarbeiter und sorgen dafür, dass er sich im neuen Umfeld wohl fühlt und kulturelle sowie sprachliche Barrieren schnell überwindet. Seine eigene Zufriedenheit, sowie die seiner Familie sind ausschlaggebend für den Erfolg des gesamten Umzuges. Somit kann sich der neue Mitarbeiter von Anfang an auf seine neue berufliche Herausforderung fokussieren.

Pourquoi consulter une agence de relocation?

Les agences de relocation offrent aux entreprises et aux particuliers des solutions permettant d'organiser une relocation de la manière la plus simple et effective que possible. De nombreuses agences situées à Francfort offrent un encadrement complet, adapté individuellement à chaque personne concernée. Outre les conditions de plus en plus difficiles sur le marché immobilier à Francfort, les formalités administratives (visa, permis de séjour/travail) peuvent également présenter une difficulté à surmonter.

Les agences de relocation déchargent l'entreprise ainsi que son employé et permettent à celui-ci d'apprécier son nouvel environnement et de surmonter rapidement les obstacles culturels et linguistiques. Sa propre satisfaction ainsi que celle de sa famille est décisive pour le succès de la relocation en question. Ainsi il peut dès le début se concentrer pleinement sur son challenge professionnel.

BS RELOCATION SERVICES

est votre partenaire à Francfort pour vous assister dans l'accueil de vos collaborateurs en situation de mobilité professionnelle.

Nos services:

- Formalités d'immigration

- Journée d'orientation

- Recherche d'un logement (vide ou meublé)

- Recherche d'écoles

- Assistance dans la vie quotidienne

- Assistance au départ

Tous nos offres sont modulables et à la carte.

Nous sommes à l'écoute de nos clients et nous adaptons nos services à leurs besoins.

Contactez nous:
BS relocation services
Clemensstrasse. 6-8
60487 Frankfurt am Main

Membre de:
www.germanrelocators.de

Andrea Simon:
+49 (0) 69 27297323, simon@bs-relocation.com
Catherine Brozovsky:
+49 (0) 69 27297324, brozovsky@bs-relocation.com
www.bs-relocation.com

Thümmel, Schütze & Partner
RECHTSANWÄLTE

Wir sind gern Ihr Ansprechpartner,
wenn Sie in Deutschland tätig werden wollen
oder schon vor Ort sind.
Unsere Expertise am Standort Frankfurt am Main
unserer wirtschaftsrechtlich ausgerichteten Kanzlei umfasst
die Beratung sowie – wenn notwendig – die Prozessführung,
insbesondere in den Bereichen Bank- und Kapitalmarktrecht,
Handels- und Gesellschaftsrecht.

Nous sommes votre cabinet d'avocats
si vous souhaitez étendre votre action à l'Allemagne
ou si vous y êtes déjà présent.
L'expertise de notre cabinet d'orientation économique
qui se trouve à Francfort sur le Main comprend
les conseils et, en cas de besoin, la direction procédurale,
en particulier dans les domaines du droit bancaire, du droit
commercial et des sociétés, ainsi que de la régulation financière.

Werner Gaus,
Rechtsanwalt/
Avocat

Dr. Stefan Hanke,
Maître en droit,
Rechtsanwalt/
Avocat

Corinne Pistor, Assistentin/Assistante

Wir freuen uns auf Sie.
C'est avec plaisir que nous sommes à votre disposition.

Thümmel, Schütze & Partner Rechtsanwälte
Partnerschaftsgesellschaft mbB
Eschersheimer Landstraße 10, 60322 Frankfurt/Main
Fon:+49 (0)69 95 91 35-0; Fax:+49 (0)69 95 91 35-30

frankfurt@tsp-law.com
www.tsp-law.com

Das neue Hochhaus der Europäischen Zentralbank, eröffnet im März 2015
La nouvelle tour de la Banque centrale européenne, inaugurée en mars 2015

Frankfurt am Main. Blick auf das Bankenviertel von der Taunusanlage aus.
Francfort-sur-le-Main. Vue sur le quartier bancaire dès la Taunusanlage (Parque Taunus)

Französische Banken in Frankfurt
Banques françaises à Francfort

NATIXIS Zweigniederlassung Deutschland
www.natixis.com

NATIXIS Pfandbriefbank AG
www.pfb.natixis.com

Im Trutz Frankfurt 55
60322 Frankfurt
Fon: +49 69 97153-0

Crédit Mutuel – CIC. Banque de l'Économie
Niederlassung Deutschland
Wilhelm-Leuschner-Straße
9-11, 60329 Frankfurt am Main
Fon: + 49 (0) 69 27 40 21 11
Fax: + 49 (0) 69 27 40 21 39
www.creditmutuel.com

Société Générale S.A.
Neue Mainzer Str. 46-50,
60311 Frankfurt am Main
Fon: +49 (0) 69 71 74 0
Fax: +49 (0) 69 71 74 196
www.www.sgcib.com

Crédit Agricole
Corporate and Investment
Bank Deutschland
Taunusanlage 14,
60325 Frankfurt am Main
Fon: +49 (0)69 74 22 1 0
Fax: +49 (0)69 74 22 1 198
www.ca-cib.com

BNP Paribas S. A.
Niederlassung Deutschland
Standort Frankfurt am Main
Europa-Allee 12,
60327 Frankfurt am Main
Fon: +49 (0)69 71 93 0,
Fax: +49 (0)69 71 93 26 40
Web: www.bnpparibas.de

DECATHLON ALS HERSTELLER FÜR INNOVATIONEN

„Freude am Sport für Alle" – das Motto des französischen Sportartikelherstellers DECATHLON ist kein leerer Slogan, sondern gelebte Philosophie. Unter einem Dach wird Equipment und Bekleidung für über 70 Sportarten angeboten. Allein mit seinen 20 exklusiven Eigenmarken – den Passion Brands – vertreibt das Unternehmen über 35.000 Artikel.

Die einzelnen Marken entwerfen attraktive, unkomplizierte und zugleich möglichst preiswerte Produkte für alle Leistungsstufen. Darunter befinden sich auch viele Innovationen: Das QUECHUA 2 Seconds Air, baut sich beispielsweise in zwei Sekunden von allein auf und aus dem mobilen Rollnet wird jeder Tisch zu einer Tischtennisplatte umfunktioniert.

Das Erfolgsrezept von DECATHLON lautet dabei: Man nehme wissenschaftlich fundierten Daten, technologisches Knowhow der Ingenieure und kombiniere es mit dem Feedback der Kunden. Von der Entwicklung bis zur Fertigung des Produkts heißt Innovation bei Decathlon außerdem Teamarbeit. Die Arbeit der Teams beginnt bei der Forschung, geht über die Entwicklung und das Design zur Produktion und endet im Verkauf. Im Zentrum des Entwicklungsprozesses stehen dabei die Sportler und deren Bedürfnisse.

DECATHLON – EXPERT EN INNOVATION

« À fond la forme » – la devise du fabricant français d'articles de sport DECATHLON n'est pas un slogan vide de sens mais bien une philosophie incarnée. Sous un même toit, vous sont proposés des équipements et vêtements adaptés à plus de 70 sports différents. L'entreprise commercialise plus de 35 000 articles provenant de ses 20 marques exclusives de distribution : les marques passion.

Chaque marque conçoit des produits à la fois attractifs, faciles d'utilisation, à des prix concurrentiels et adaptés à tout type de performance. Ceci implique par ailleurs de nombreuses innovations : la tente QUECHUA 2 Seconds Air par exemple se monte d'elle-même en deux secondes et le rollnet vous permettra de transformer n'importe quelle table en une table de ping-pong.

Le secret du succès de DECATHLON est le suivant : des données scientifiques associées au savoir-faire technologique des ingénieurs, le tout combiné avec le feedback des clients. Depuis le développement d'un produit jusqu'à sa finition, l'innovation implique aussi un grand travail d'équipe chez DECATHLON. Le travail des équipes commence lors de la recherche, se poursuit avec le développement et le design liés à la production et ne se termine que par la vente des produits. Les sportifs ainsi que leurs besoins se trouvent au cœur de nos processus de développement.

DECATHLON

SPORT FOR ALL · ALL FOR SPORT

NICHTS WIE HIN

70 SPORTARTEN - 1 STORE

DECATHLON Wallau · Am Wandersmann 6 · 65719 Hofheim-Wallau
DECATHLON Dreieich · Robert-Bosch-Str. 15 · 63303 Dreieich

Medizinische Beratung

Conseils médicaux

Allgemeinmediziner – Généralistes

Dr. Laurence Bimboese

Im Kammerdorf 5, 60386 Frankfurt am Main
Fon: +49 (0)6942 50 00; Fax: +49 (0) 42 40 11

Dr. Anne Hoessrich

Am Weissen Berg 3 (Am Buchhain), 61467 Kronberg/Ts.
Fon: +49 (0)6173) 93 76 0; Fax: +49 (0)6173 32 10 9

Zahnärzte – Dentistes

Dr. Christof Renninger
Dr. Françoise Dermine-Renninger

Eschersheimer Landstrasse4 548, 60433 Frankfurt am Main
Fon: +49 (0)69 52 00 58; Fax: +49 (0)69 52 00 59

Dr. Dan Florin Belu

Guiolletstraße 27, 60325 Frankfurt am Main
Fon: +49 (0)69 17 29 68; Fax: +49 (0)69 17 29 68

Frauenärzte – Gynécologues

Dr. Simona Herle

Schillerstraße 26, 60313 Frankfurt am Main
Fon: +49 (0)69 28 27 17, 29 65 63; Fax: +49 (0)69 29 70 99 1

Dr. Andreas Gardé

Kaiserhofstraße 7, 60313 Frankfurt am Main
Fon: +49 (0)69 28 28 80

Dermatologen – Dermatologues

Dr. Manfred Wolter (Oberarzt)

Universitätsklinikum der J.-W.-Goethe-Universität
Theodor-Stern-Kai 7, 60596 Frankfurt am Main
Fon: +49 (0)69 63 01 53 11, Fax: +49 (0)69 63 01 51 17

Kinderärzte – Pédiatres

Dr. Doris Depner

Berliner Straße 56, 63065 Offenbach

Fon: +49 (0)69 88 18 93

Dr. Peter Mondon

in Praxis Eckert-Tanzki-Geyer-Sodemann-MOnson

Hugenottenstraße 120, 63263 Neu Isenburg

Fon: +49 (6102) 34 01 1, Fax: +49 (0)6102 32 02 26

Email: eckert.geyer.mondon@web.de

Augenärzte – Ophtalmologues
Dr. Günter Neumann

Gartenstraße 66, 60596 Frankfurt am Main

Fon: 61 61 60, Fax: +49 (0)69 61 99 43 31

Dr. Bogdan Lyson

Staufenstraße 46, 60323 Frankfurt am Main

Fon: +49(0)69 72 22 72; Fax: +49 (0)69 72 50 72

Psychotherapeuten – Psychothérapeutes

Dr. Laurent Thuiller

Hans-Thoma-Straße 2, 61476 Kronberg/Ts.

Fon: +49 (0)6173 78 37 73; Fax: +49 (0)6173 78 37 73

www.osteopathie-kronberg.de

Ärztlicher Notdienst
Service d'urgence médicale
Fon: +49 (0)69 1 92 92
(englisch und deutsch/anglais et allemand)

Internationale Apotheke im Hauptbahnhof
Pharmacie Internationale dans la Gare Centrale

Einkauspassage B-Ebene

Fon: +49 (0)69 23 30 47

www.pharma-online.de/apo-i-hbf/index.thm

Yves Rocher Filiale, Zeil 60-62 in Frankfurt am Main.
Yves Rocher magasin, Zeil 60-62 à Francfort-sur-le-Main
www.yves-rocher.de/frankfurt

Teil 5

Medien

Partie 5

Médias

Hugendubel
Internationale Bücher – Zeitschriften – Medien
Livres – Journaux – Médias Internationaux

Hugendubel
Steinweg 12 (centre), Fon: 01803-48 44 84
U-Bahn/Metro: alle Linien/toutes les lignes,
HH Hauptwache
Hessen-Center, Fon: +49 (0)6109) 30 94 0
U-Bahn/Métro: U7, HH Hessen-Center

In Hessen auch in/En Hesse aussi à Neu-
Isenburg, Bad Homburg, Gießen, Darmstadt,
Mainz, Wiesbaden
www.hugendubel.de

Les Echos

LE QUOTIDIEN DE L'ÉCONOMIE / VENDREDI 6 ET SAMEDI 7 MARS 2015 / LESECHOS.FR

L'ESSENTIEL

LA RÉFORME DU CONTRAT DE TRAVAIL EN CHANTIER

SONDAGE : SARKOZY PEINE À CONVAINCRE

CENTRE POMPIDOU: LE RÉCIT D'UNE NOMINATION SURPRISE

ENTREPRISES & MARCHÉS

CARREFOUR CONFIRME SON REDRESSEMENT

PME PROMETTEUSES : LES PARIS DE BPIFRANCE

LE JAPONAIS SOMPO VA PRENDRE 15 % DE ICON

Croissance : le scénario rose de la BCE pour l'Europe

avec ce
numéro

- La banque centrale table sur une hausse du PIB de 1,5 % en 2015 et 1,9 % en 2016 dans la zone euro.
- Les achats massifs de dette démarrent lundi.
- L'euro sous 1,10 dollar, au plus bas depuis 12 ans.

Les résultats des groupes du CAC 40 bondissent à plus de 64 milliards

BOURSE Pour la première fois depuis 2010, les résultats annuels des stars de la cote sont en hausse, de 37 %.

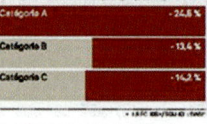

Le résultat net des sociétés du CAC 40

Le grand désarroi des politiques

Chronique par Éric Le Boucher

Un écart salarial défavorable aux femmes
Écart de salaire moyen entre les femmes et les hommes dans la fonction publique (2-50 ans)

Catégorie A	- 24,8 %
Catégorie B	- 13,4 %
Catégorie C	- 14,2 %

Les femmes fonctionnaires moins payées que les hommes

Le Défenseur des droits dissèque les écarts de salaire dans la fonction publique.

Jean-Philippe Lacour
Les Echos - Frankfurter Korrespondent c/o Handelsblatt
Eschersheimer Landstrasse 50, D- 60 322 Frankfurt am Main
Fon: +49 (0)69 47 89 49 20, Cell: +49 (0)162 26 94 268
Email: jplacour@lesechos.fr
www.lesechos.fr
twitter account : @bankfurt

Les Echos

Les Echos ist eine führende französische Tageszeitung, die alle aktuellen Themen der Wirtschaft und der Unternehmen mit Sorgfalt beobachtet und darüber berichtet. Ob in gedruckter Form oder in digitaler Fassung, bietet *Les Echos* dem Leser Zuverlässigkeit, Innovation, Präzision und kann somit eine wichtige Hilfestellung für Entscheidungen sein. *Les Echos* steht außerdem hinter Leistungen für Unternehmen: Events, Messen, Studien, Fort- und Ausbildungen, etc.

Die Redaktion besteht aus 180 Wirtschaftsjournalisten in Paris und wird unterstützt von einem Netz von Regional- und Auslandskorrespondenten, u.a. in Frankfurt und Berlin. Jeden Tag berichten, kommentieren und analysieren die Journalisten von *Les Echos* über die Aktualität der Wirtschaft in Frankreich und dem Rest der Welt.

Heute vereinigt die Marke *Les Echos* täglich 7,2 Millionen Leser und Internetnutzer. Die Auflage ist seit 10 Jahren mit 125.000 Exemplaren konstant hoch geblieben. Mit insgesamt 4,3 Millionen Nutzern im Oktober 2014 ist die digitale Plattform *Lesechos.fr* führend unter den Finanznachrichtendiensten.

Les Echos, média français de référence, couvre toute l'actualité générale, de l'économie et des entreprises avec une attention constante portée à l'exhaustivité et à la qualité. Quel que soit le support utilisé, le quotidien Les Echos offre à son lectorat fiabilité, précision et innovation et l'ensemble des clés de lecture nécessaires à la prise de décision. *Les Echos* est également désormais un acteur incontournable des services aux entreprises: événements, salons, annonces légales, marchés publics, études, formations, franchises...

Tous les jours, une rédaction de 180 journalistes économiques sans équivalente en France, appuyée par un réseau exceptionnel de correspondants dans les régions et à l'étranger, notamment à Francfort et Berlin, rend compte des événements du monde des affaires en France et dans le monde, analyse, décrypte et donne la parole à tous ceux qui font et vivent l'économie.

Aujourd'hui, *Les Echos* est une marque forte. 7,2 millions de lecteurs, internautes et mobinautes s'informent tous les jours avec la marque *Les Echos*. La diffusion du quotidien est la plus forte depuis 10 ans avec 124 422 exemplaires. La plateforme numérique LesEchos.fr, qui a été la première en France à adopter le principe d'un paywall dès octobre 2012, est le 1er site d'informations et d'actualités financières, avec une audience de 4,3 millions de visiteurs uniques en octobre.

lepetitjournal.com/francfort

Lepetitjournal.com/francfort est un journal quotidien gratuit, en ligne, rédigé en français, destiné aux expatriés français ainsi qu'aux francophones de toutes les nationalités. Créée en 2011, l'édition de Francfort/Rhein-Main fait partie d'un réseau de 47 éditions dans le monde entier qui partagent toutes la même plateforme internet : 1,3 million de pages vues par et plus 400 000 visiteurs par mois. Des chiffres prometteurs dont bénéficie l'édition de Francfort !

*Lepetitjournal.com/francfor*t informe ses lecteurs sur l'actualité en Rhein-Main, répertorie les événements organisés dans la région et publie des interviews exclusives, des portraits d'entrepreneurs... Il propose aussi des bons plans, adresses et conseils afin de faciliter l'intégration de la communauté francophone. On dénombre aujourd'hui plus de 30 000 francophones en Hesse et dans la région Rhein-Main. Ainsi, lepetitjournal.com/francfort constitue la principale source d'informations pour les Français et francophiles de la région.

Pour plus d'informations, de demande de partenariat ou de visibilité sur le site, contactez le journal.

Kontakt/Contact :
Valérie Keyser - Responsable de l'édition de Francfort - Redaktionsleiterin
Email: valerie.keyser@lepetitjournal.com, francfort@lepetitjournal.com
Web : www.lepetitjournal.com/francfort
Facebook : https://www.facebook.com/LPJFrancfort

LEPETITJOURNAL.COM
Le média des Français et francophones à l'étranger

ACCUEIL FRANCFORT   COMMUNAUTE   ECONOMIE   SOCIETE   A VOIR, A FAIRE   PRATIQUE   CONTACT   EDITIONS ALLEMANDES   ARCHIVES

▌▌▌ FRANCFORT

WEEK-END - Quelques idées de sorties à Francfort entre le 27 et le 29 mars

Pâques arrive à grands pas ! Le programme que nous vous proposons en cette fin de semaine devrait réjouir aussi bien les enfants, les mélomanes amoureux de musique classique ainsi que les noctambules et flâneurs.

Abonnez-vous à la newsletter

[   ]

Votre édition   ▼

Inscription

 Entreprises, Auto - entrepreneurs, professions libérales
Publiez la présentation de votre activité sous forme d'article dans le journal
Pour les détails sur les Publi-infos, contactez le journal à francfort@lepetitjournal.com

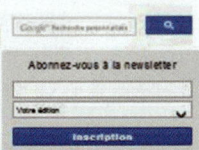
Lepetitjournal...

GOETHE – Le nom du poète, avec ou sans particule ?

Vous vous êtes probablement déjà interrogés : est-ce orthographié Johann Wolfgang Goethe ou bien Johann Wolfgang von Goethe ?...

LANGUES - Pierre Sommet, détective des mots

Pierre Sommet a dirigé la section langues étrangères de la Volkshochschule de Krefeld pendant 34 ans. Dépossant de la double nationalité...

LA VILLAFRANCE - Connecti fait le plein de visiteurs à Paris et met le cap sur Cologne

Le salon du recrutement franco-allemand a accueilli plus de mille candidats. Un succès que les organisateurs entendent réitérer le 24 septembre...

DEPOSER

◉ Un Bon Plan dans l'annuaire
○ Une Petite annonce
○ Un Evènement dans l'Agenda

Titre*
[   ]

Description* (300 caractères max)
[   ]

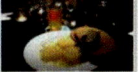

INFO PRATIQUE – Où jouer au minigolf en Rhin-Main ?

L'arrivée des beaux jours signe l'ouverture des loisirs de plein-air. Envie de vous essayer, en famille ou entre amis au minigolf ?...

ON A TESTE POUR VOUS - Le "Handkäse mit Musik" !

Ach ces Allemands... Si mélomanes qu'ils prennent leurs repas en musique ? C'est ce que nous laisse imaginer l'expression "Handkäse mit Musik". Pour...

FRÉDÉRIC BEIGBEDER - "Dans mes livres, je fais un tableau satirique de ce que je vois et ce que vis, c'est très balzacien !"

"Guten Abend, ich heiße Friedrich Beigbeder, but you can call me Fritz". C'est avec une pointe d'humour et beaucoup de sympathie que l'écrivain...

Valider et continuer

LES BONS PLANS

BANQUE CENTRALE EUROPEENNE - Francfort sortie des flammes !

ZAPPING - L'actualité allemande du week-end en quatre minutes

WEEKEND - Quelques idées de sorties entre le 20 et le 22 mars

BON A SAVOIR - Focus sur le "Rundfunkbeitrag", la redevance audiovisuelle allemande

EXPATRIATION-ALLEMAGNE - Quelques conseils pour préparer sa déclaration de revenus allemande

EN SEIGNEMENT - Devenez ambassadeur de la France avec FranceMobil pour l'année scolaire 2015-2016

Tourisme > Sorties à Francfort
Découvrir ou redécouvrir Francfort et sa région en famille, en classe, entre... [lire la suite]

Education > Famille d'accueil Paris
Famille française à Paris (XIII) offre séjour en immersion solo / familial (hébergement... [lire la suite]

Education > Bienvenue à Francfort !
Vous êtes français adolescent apprendre la langue allemande pour pouvoir comm... [lire la suite]

Voir tous les bons plans.

lepetitjournal.com/francfort
Petites annonces Sorties Economie
Infos pratiques   Actus   Culture   Suivez - nous sur Facebook en cliquant ici

PARISBERLIN

▌▌▌ FRANCFORT EN BREF

ENVIRONNEMENT - Earth Hour : extinction des feux à Francfort !

TRAGEDIE GERMANWINGS - Selon la boîte noire retrouvée, la destruction de l'A320 aurait été volontaire

PILULE - Gratuité de la pilule pour les chômeuses bénéficiaires de l'allocation Hartz IV en Allemagne

CRASH - Un avion de la compagnie allemande Germanwings s'écrase dans les Alpes-de-Haute-Provence

ECONOMIE - Augmentation record du budget consacré par l'Allemagne au développement

DECES - Disparition de l'acteur suisse Buddy Elias, cousin d'Anne Frank

L'AGENDA

[03.11.2014]
Expo à l'occasion des 200 ans du Musée Sänckel "Wiener le naissance de l'impressionnisme" - Francfort

Jusqu'au 31 juin, l'exposition "Wiener et la naissance de l'impressionnisme" montre des œuvres d'artistes connus de ce mouvement comme Claude Monet, Auguste Renoir, Edouard Manet, Berthe Morisot, Edgar Degas, Alfred Sisley, Camille Pissarro qui ont révolutionné la peinture en seulement quelques années.
La fête des 200 ans du musée sera célébrée le 15 mars et promet des surprises pour tous !

Bibliotheken mit französischen Büchern

Bibliothèques proposant des livres français

Universitätsbibliothek/Bibliothèque universitaire
Partnerschaft mit der Universität Lumière Lyon
Partenariat avec l'Université Lumière Lyon

Bockenheimer Landstraße 134-138
D-60325 Frankfurt am Main
Fon. +49 (0)69 798-39205
Fax: +49 (0)69 798-39380
Email: auskunft@ub.uni-frankfurt.de
Web: **www.ub.uni-frankfurt.de**

Öffnungszeiten/Horaires de consultation
Mo/Lu-Fr/Ve: 08:30-19:00 Uhr/h
Sa/Sa-So/Di 10:00-18:00 Uhr/h
Metro: U4, HH Festhalle/Messe
U6, U7, HH Bockenheimer Warte

Stadtbücherei Frankfurt am Main.
Internationale Bibliothek

Bibliothèque municipale de Francfort-sur-le-Main
Bibliothèque Internationale

60311 Frankfurt am Main
Fon: +49 (0)69 212 38080
Fax: +49 (0)69 212 37949
Email: info@stadtbuecherei.frankfurt.de
Web: www.stadtbuecherei.frankfurt.de

Öffnungszeiten/Horaires d'ouverture
Mo/Lu-Fr/Ve: 11:00-19:00 Uhr/h
Sa/Sa: 11:00-16:00 Uhr/h
Metro: alle Linien/toutes les lignes, HH
Hauptwache

Buchhandlungen - Librairies

Südseite. Internationale Buchhandlung

Kaiserstraße 55, 60239 Frankfurt am Main
(Bahnhofsviertel/Quartier de la Gare
Centrale)
Fon: +49 (0)69 25 29 14
Web: **www.zambonverlag.de/de/su-
edseite.htm**
U-Bahn/S-Bahn/Tram: HH Hauptbahnhof/
Gare Centrale

Kiosk BAILLY
Kaiserstraße 91, 60311 Frankfurt am Main
Fon: +49 (0)69 23 43 11 • U-Bahn/Métro:
U1,U2,U3,U8, U4, U5, HH Willi Brandt-Platz
Web: **www.bailly.org**

Y Buchladen & Café
Bergerstraße 18, 60316 Frankfurt am Main
Fon: 49 (0)69 44 87 38
Email: YpsilonBuchCafe@t-online.de
Web: **www.y-buchladen.de**

Schmitt & Hahn
Buch und Presse GmbH & Co. KG
Hauptbahnhof/Gare Centrale Frankfurt
Flughafen/Airport Frankfurt am Main

Bahnhof Höchst

Lesecafé Diesterwegstrasse
Buchhandlung und Lesecafé
Librairie et Café
Diesterwegstraße 7, 60594, Frakfurt am Main
Fon: +49 (0)69 622523
U-Bahn/Métro: U1, U2, U3,
U8: HH Schweizer Platz

Frédérique M.P. Groulard
groulard@autour-dun-livre.de
www.autour-dun-livre.de
+49 (0)69 21 99 88 99
+49 (0)174 333 10 48

INTERNATIONALE KINDERBÜCHER

Autour d'un Livre – internationale Kinderbücher

Bei **Autour d'un Livre** finden junge Leseratten pädagogisch wertvolle internationale Kinderbücher. Neben französisch-, deutsch-, englisch-, italienisch- und spanischsprachigen Büchern findet sich auch manch Exotisches. Bücher und Hörbücher können übers Internet sowie bei ISSATI bezogen werden. Auf Basis sachkundiger Beratung sind die Ausstattung von Kitas mit Leseecken und die Schulbuchbestellung weitere Schwerpunkte der Geschäftstätigkeit. Angebote zur Sprachförderung wie auch Lesungen runden das Angebot ab.

Autour d'un Livre – présentation en francais

Autour d'un Livre propose aux jeunes rats de bibliothèques un grand choix de livres-jeunesse en langues étrangères. Outre des livres en francais, allemand, anglais, italien et espagnol, ils pourront trouver des ouvrages d'origines plus lointaines. Livres et audio-livres peuvent être obtenus aussi bien via internet que chez ISSATI.

Autour d'un Livre ne propose pas seulement des suggestions de lectures mais également des conseils en aménagement de coins lecture et bibliothèques en crèches, jardins d'enfants, établissements scolaires. Madame Groulard centralise et organise aussi la commande de manuels scolaires. Un autre point fort de ses activités est l'offre d'activités ludiques et pédagogiques en langues étrangères ainsi que des lectures ouvertes à un public-jeunesse.

Shop in Shop – Fon: +49 (0)69-21 99 88 99
www.autour-dun-livre.de

Teil 6

Bildungsstätten

Partie 6

Institutions d'enseignement

Goethe-Universität Frankfurt am Main, Campus Westend, Poelzig-Gebäude. Sitz des Instituts für Romanische Sprachen und Literaturen – Université Goethe Frankfort-sur-le-Main, édifice Poelzig. Siège du Département des langues et littératures romanes

Neue Gebäude auf dem Campus Westend – Nouveaux édifices sur le Campus Westend

Université Goethe de Francfort
Département de langues et littératures romanes

Le département des langues romanes à l'Université de Francfort inclue non seulement tout le spectre des langues et littératures romanes d'Europe, français, italien, espagnol, portugais, roumain, catalan et autres. Il traite également de la « nouvelle Romanie », ces cultures latines en dehors du continent européen et la francophonie. Il s'agit notamment du français en Afrique, en Amérique du Nord, aux Caraïbes et dans l'océan Indien, l'Asie et l'Océanie, ainsi que du monde espagnol et portugais latino-américain.

L'Institut de langues et littératures romanes de Francfort couvre presque entièrement ce vaste domaine, comme le font peu d'autres universités en Allemagne. Cette compétence des langues romanes à l'Université Goethe correspond à l'esprit cosmopolite de la ville de Francfort, qui est en passe de devenir une métropole aussi bien internationale que multiculturelle.

Des « Bourses Erasmus mobilité » en France, dans les universités de Bordeaux, Amiens, Lyon, Cergy-Pontoise, Aix-en-Provence et Perpignan, mais aussi en Espagne, en Italie et en Suisse sont disponibles pour les étudiants des langues romanes à l'Université de Francfort dans le cadre du programme Erasmus.

L'Université de Francfort entretien une relation de partenariat avec l'Université Lyon II où les étudiants francfortois en romanistique peuvent passer une partie de leur cursus.

Département de langues et littératures romanes
Norbert Wollheim-Platz 1, 60629 Frankfurt am Main
Tél.: +49 (0) 69 798 32050/32045
Email: romanistik@uni-frankfurt.de
Web: www.uni-frankfurt.de/48911081/Romanische-Sprachen-und-Literaturen
Un département de langues romanes existe aussi à l'Université Gutenberg de Mayence : http://www.romanistik.uni-mainz.de

Goethe-Universität Frankfurt am Main
Institut für Romanische Sprachen und Literaturen

Die Romanistik an der Frankfurter Universität umfasst und systematisiert nicht nur das ganze Spektrum der romanischen Sprachen und Literaturen Europas – Französisch, Italienisch, Spanisch, Portugiesisch, Rumänisch, Katalanisch und andere. Sie beschäftigt sich auch mit der sogenannten Neuen Romania, mit den romanischen Kulturen außerhalb des europäischen Kontinents: der sogenannten Frankophonie. Dazu gehören das Französische in Afrika, Nordamerika, in der Karibik und Indik sowie in Asien und Ozeanien, außerdem das Spanische und Portugieische der lateinamerikanischen Welt.

Am Frankfurter Institut für Romanische Sprachen und Literaturen ist dieses riesige Feld fast vollständig abgedeckt. Es gibt nur wenige Universitäten in Deutschland, wo die Romanistik eine ähnlich weitgespannte Kompetenz in Bezug auf die bearbeiteten Teilgebiete hätte. Diese Kompetenz der Romanistik an der Goethe-Universität entspricht in vergleichbarer Weise der Weltoffenheit der Stadt Frankfurt, die im Begriff ist, zu einer ebenso internationalen wie multikulturellen Metropole zu werden.

Im Rahmen der Erasmus-Programme gibt es auch für Studierende der Romanistik an der Universität Frankfurt "Erasmus-Mobilitäts-Stipendien" nach Frankreich, an die Universitäten Bordeaux, Amiens, Lyon, Cergy-Pontoise, Aix-en-Provence und Perpignan, außerdem nach Spanien, Italien und in die Schweiz.

Mit der Universität Lyon II unterhält die Frankfurter Universität ein Partnerschaftsabkommen. Dort ist daher für Frankfurter Romanistikstudenten ein Auslandsstudium möglich.

Institut für Romanische Sprachen und Literaturen
Norbert-Wollheim-Platz 1, 60629 Frankfurt am Main
Fon: +49 (0)69 798 32050 / 32045
Email: romanistik@uni-frankfurt.de
Web: www.uni-frankfurt.de/48911081/Romanische-Sprachen-und-Literaturen
Romanistikstudium ist auch im Romanischen Seminar der Gutenberg-Universität Mainz möglich: http://www.romanistik.uni-mainz.de

Gontardstraße 11, 60488 Frankfurt am Main
U6, HH Stephan-Heise Straße
Fon: +49 (0)69-74 74 98 0
Fax: +49 (0)69-74 74 96 142
Email: secretariat@lfvh.net
www.lycee-francais-francfort.com

Unterrichtszeiten:
Vor- und Grundstufe: Mo, Di, Do,
Fr 8.00 Uhr – 14.30 Uhr, Mi 8.00-12.00 Uhr
Sekundarstufe I+II: Mo-Fr 8.00 Uhr-18.00 Uhr
Bildungsziel:
Baccalauréat und ABIBAC

Die Französische Schule „Victor Hugo" (LFVH)

Die Französische Schule „Victor Hugo" hat seit fast 50 Jahren einen festen Platz im Kreis der Internationalen Schulen in Hessen. Sie steht allen Frankfurter Kindern offen, unabhängig von ihrer Nationalität; sie fördert den interkulturellen Austausch. Die Schülerzahl wuchs von ca. 100 in 1962 auf 1000 in 2015.

Der Unterricht findet ganztägig statt, von 8 Uhr bis 18 Uhr. Die Französische Schule besteht aus den Einheiten Kindergarten, Grundschule sowie Sekundarstufe I und II. Sie nimmt Kinder ab drei Jahren auf, und sie beenden die Schule mit 17/18 Jahren mit dem Abitur.

Die offizielle Arbeitssprache der Schule ist Französisch. Deutsch-Intensivkurse beginnen bereits in der Vorschule. Im bilingualen Zweig D (Deutsch) der Grundschule erfolgt der Unterricht zu je 50% in Deutsch und Französisch, im bilingualen Zweig F (Français) zu einem Drittel in Deutsch. Ab der 3. Klasse lernen die Schüler auch Englisch und ab der 8. Klasse wahlweise Spanisch.

Zur modernen Ausstattung der Schule gehören ein pädagogisches Computernetzwerk von 200 PC, ca. 30 Digitalprojektoren, zwei Dokumentationszentren mit Büchern und aller Art von digitalen Medien, eine Sporthalle sowie ein Sportgelände im Freien, ein Schulrestaurant sowie medizinische Betreuung. Zahlreiche Arbeitsgemeinschaften fördern die Talente und Interessen der Schüler.

Dank der hohen Qualifikation der Leitungs- und Lehrerteams sowie der ausgezeichneten Ausstattung des Hauses mit modernen technischen Lehr- und Lernmitteln verzeichnet die Schule bei Prüfungen durchschnittlich einen Erfolg von 96%.

Le P'tit Victor e.V.
c/o Lycée Français Victor Hugo
Gontardstr. 11
60488 Frankfurt am Main
Fon: + 49 (0)173 731 94 79
Email: info@leptitvictor.com
www.leptitvictor.com

Vorschulaktivitäten

Für Kinder/Schüler ab Kindergartenalter bis Ende der Grundschule.

Täglich vom Unterrichtsende bis 17:20 Uhr während der Schulzeit des Lycée Français Victor Hugo: Kunst, Musik, Sport, Sprachen

Jedes Jahr kommen neue interessante Projekte zustande.

Gontardstraße 11, 60488 Frankfurt am Main
U6, HH Stephan-Heise Straße
Telefon: +49 (0)69-74 74 98 0
Fax: +49 (0)69-74 74 96 142
Email: secretariat@lfvh.net
www.lycee-francais-francfort.com

Horaires d'enseignement :
Maternelle/Élémentaire : Lu, Ma, Jeu,
Ve 8h-14h30, Mer 8h-12h
Secondaire I+II : Lu-Ve 8h-18h
Objectif de formation :
Baccalauréat et ABIBAC

Der Elternverein der Französischen Schule in Frankfurt ist ein gemeinnütziger eingetragener Verein, der mit seinen zahlreichen ehrenamtlichen Projekten aktiv zur Förderung und Integration der Französischen Schule in Frankfurt beiträgt.

Der Verein UPEA setzt sich insbesondere dafür ein, dass die Stimmen der Eltern und die Interessen der Schüler bei der Schulleitung sowie der deutschen und französischen Entscheidungsträgern vertreten sind.

Offen für alle Eltern, ehemalige Schüler und Freunde der Schule - der Verein UPEA leistet durch seine Veranstaltungen und seine vielfältigen Kommunikationsmitteln einen erfolgreichen Beitrag zur Vernetzung der verschiedenen Akteure der Französischen Schule.

L'Union des Parents d'Élèves et Amis du Lycée Français de Francfort est une association à but non-lucratif dont les projets variés menés par ses membres bénévoles ont pour objectif de contribuer au rayonnement du Lycée Victor Hugo et à son intégration dans le paysage francfortois.

L'UPEA relaie notamment les propositions des parents d'élèves et les intérêts des élèves auprès de la Direction du Lycée et des différentes instances de décisions en Allemagne et en France.

S'adressant à l'ensemble des parents d'élèves, aux anciens élèves et à tous ceux souhaitant établir ou garder des contacts avec le Lycée, l'UPEA contribue, grâce aux évènements qu'elle organise et à ses différents supports de communication, à la mise en réseau des différents acteurs du Lycée.

Verein der Eltern und Freunde der Französischen Schule e. V. (UPEA)
L'Union des Parents et Amis du Lycée Français de Francfort e. V. (UPEA)
Contact:
Email: info@upea.de,
Web: www.upea.de

Le Lycée Français « Victor Hugo » (LFVH)

Depuis 40 ans, le Lycée Français occupe une place importante dans le cercle des écoles internationales de la Hesse. Il est ouvert à tous les enfants de Francfort indépendamment de leur nationalité ; il favorise les échanges interculturels. Depuis sa fondation, il y a presque 50 ans, le nombre d'élèves est passé d'environ 100 à 1000 en 2015.

L'enseignement s'effectue tout au long de la journée, de 8h à 18h. Le Lycée Français se compose d'une école maternelle et élémentaire et de classes secondaires (collège et lycée). Les enfants sont acceptés à partir de trois ans, leur cursus s'achève à l'âge de 17/18 ans, avec le baccalauréat.

La langue officielle du lycée est le français mais l'allemand est enseigné dès la maternelle. En primaire, près de 50% des cours sont donnés en allemand en section D (Deutsch), et environ un tiers en section F (Français). L'anglais est enseigné dès le CE2, l'espagnol, en option, dès la 4ème.

Le Lycée Français dispose d'un équipement très moderne, avec son parc informatique pédagogique d'environ 200 postes, 30 projecteurs numériques, deux centres de documentation avec des livres et toute sorte de média, un gymnase et un plateau sportif, un restaurant scolaire, ainsi qu'une infirmerie. Les nombreuses activités périscolaires proposées au sein de l'établissement favorisent l'épanouissement des élèves.

Grâce à l'expérience et aux qualifications de l'équipe de direction et des professeurs, à la modernité des équipements et des techniques d'enseignement, l'école atteint un taux de réussite d'environ 96% aux examens.

Le P'tit Victor e.V.
c/o Lycée Français Victor Hugo
Gontardstr. 11
60488 Frankfurt am Main
Fon: + 49 (0)173 731 94 79
Email: info@leptitvictor.com
www.leptitvictor.com

Activités Périscolaires

Pour les élèves de la maternelle à la fin du primaire.
Tous les jours de la fin des cours jusqu'à 17h20 pendant la période scolaire du Lycée Français Victor Hugo. Activités manuelles, musicales, sportives, linguistiques. Chaque année nous élaborons des projets intéressants comme la participation au programme « Jugend musiziert ».

Françaises et Allemandes. Entre la vie familiale et la vie professionnelle

A la crèche ou chez soi ?

Qui travaille le plus ? Les Françaises ou les Allemandes ? Au-delà des horaires il faut prendre en compte aussi les politiques familiales de chaque pays et le contexte socioculturel.

Les mères privilégient en Allemagne le travail à temps partiel. Une durée de moins de seize heures de travail hebdomadaire tant que les enfants sont petits, tandis que les Françaises privilégient le temps plein. Ainsi, près des deux tiers des femmes allemandes, mères d'un ou de deux enfants, travaillent à temps partiel, contre un taux d'un quart en France. En France, plus rares sont les femmes qui interrompent complètement leur activité professionnelle. Elles tendent plutôt, dans la mesure du possible, à prolonger le congé maternité, puis à reprendre le travail à temps plein.

Maternité en France	Maternité en Allemagne
Durée : 3 ans A partir du 2e enfant **Condition :** avoir travaillé au moins 2 ans pendant les 5 années précédant la naissance	**Durée :** 3 ans Dès le 1er enfant Pas nécessaire d'avoir travaillé auparavant
Allocation d'environ 485 € pendant 3 ans, sans condition de ressources Travail à temps partiel possible (allocation réduite) Le congé parental peut être pris conjointement par les 2 parents, mais l'allocation ne peut dépasser le montant total de 466 €	Allocation d'environ 306 € pendant 2 ans, sous condition de ressources à partir du 7e mois Travail à temps partiel possible (allocation réduite) Le congés parental peut être pris en alternance par l'un ou l'autre des 2 parents
Environ 40 % des femmes concernées prennent le congé parental 27 % des femmes restent inactives après 3 ans	Environ 75 % des femmes concernées optent pour le congès parental. Environ 50 % des femmes restent inactives après 3 ans

Article : Geneviève Prat :
Systemische Beratung, Interkulturelles Training
& Mediation
Fon: +49 (69) 95 63 57 18
Cell: +49 179 124 82 47
Email: info@ df-institut.de
Web: www.df-institut.de

DFI Deutsch-Französisches Institut
für interkulturelle Kommunikation und
systemische Lösungen

Französin oder Deutsche.
Zwischen Beruf und Familie

Kinderbetreuung in der Krippe oder zu Hause?

Wer arbeitet am meisten? Die französischen oder die deutschen Frauen? Jenseits der Zeitpläne muss man auch die Familien- und Sozialpolitik der jeweiligen Länder berücksichtigen.

Die Mütter in Deutschland präferieren Teilzeit zu arbeiten. So lange die Kinder klein sind, sind dies in der Regel weniger als sechzehn Stunden pro Woche. Stattdessen arbeiten die französischen Mütter eher Vollzeit. Etwa zwei Drittel der deutschen Frauen, die ein oder zwei Kinder haben, arbeiten Teilzeit; im Gegensatz zu einem Viertel in Frankreich. Seltener sind die Frauen in Frankreich, die ihren Beruf komplett aufgeben. Sie versuchen eher, wenn es möglich ist, den Mutterschaftsurlaub zu verlängern und dann wieder die volle Beschäftigung aufzunehmen.

Mutterschaft in Frankreich	Mutterschaft in Deutschland
Dauer: 3 Jahre Ab dem zweiten Kind **Voraussetzungen:** Mindestens 2 Jahre Erwerbstätigkeit während der 5 Jahre vor der Geburt **Kindergeld:** ungefähr 485 € / 3 Jahre lang, einkommensunabhängig Teilzeitarbeit möglich (reduziertes Kindergeld). Beide Elternteile können sich gleichzeitig beurlauben lassen, aber das Kindergeld kann den Gesamtbetrag von 466 €/Monat nicht übersteigen Ungefähr 40 % der betroffen Frauen nehmen ihre Elternzeit, 27 % davon nehmen nach 3 Jahren die Erwerbstätigkeit nicht wieder auf	**Dauer:** 3 Jahre Ab dem ersten Kind Nicht notwendig, vorher gearbeitet zu haben **Kindergeld:** 306 € 2 Jahre lang, einkommensabhängig, ab dem 7. Monat Teilzeitarbeit möglich (reduziertes Kindergeld) Vater und Mutter nehmen ihren Elternurlaub alternativ abwechselnd Ungefähr 75 % der betroffenen Frauen entscheiden sich für die Elternzeit. Ungefähr 50 % davon nehmen nach 3 Jahren die Erwerbstätigkeit nicht wieder auf

Artikel: Geneviève Prat:
Systemische Beratung, Interkulturelles Training
& Mediation
Fon: +49 (69) 95 63 57 18
Cell: +49 179 124 82 47
Email: info@ df-institut.de
Web: www.df-institut.de

DFI Deutsch-Französisches Institut
für interkulturelle Kommunikation und
systemische Lösungen ● ● ●

Abibac Gymnasien
in Hessen und Rheinland-Pfalz

Lycées en Hesse et Rhénanie-Palatinat délivrant le Abibac

Ziehenschule
Josephskirchstraße 9, D-60433 Frankfurt
a. M.
Fon: +49 (0)69 21 23 41 47   Fax: +49 (0)69 21
23 20 60
Email: sekretariat@ziehenschule.de
Web: www.ziehenschule.de

Kopernikusschule Freigericht
Konrad-Adenauer-Ring 25, D-63579 Freige-
richt
Fon: +49 (0)6055 91 590
Fax: +49 ( )06055 91 59 50
Email: kopernikus-poststelle@schule. mkk.de
Web: www.ksf.de

Tilemannschule Limburg
Joseph-Heppel-Str. 3, D-65549 Limburg
Fon: +49 (0)64 31 22 063
Fax: +49 (0)64 31 24 357
Email: sekretariat@tilemanschule.de
Web: www.tilemannschule.de

Gutenbergschule
Mosbacher Str. 1, D-65187 Wiesbaden
Fon: +49 (0)611 31 22 55/56
Fax: +49 (0)61 31 31 39 26
Email: gutenbergschule@wiesbaden.de
Web: www.gutenberg-gym.de

Albert-Einstein-Schule
Ober der Röth 1, D-65824 Schwalbach (Ts.)
Fon: +40 (0)6196 88 910
Fax: +49 (0) 6196 88 91 25
Email: gymnasium@aesmtk.de
Web.: www.aesmtk.de
Otto-Schott-Gymnasium Mainz-Gonsenheim,

An Schneiders Mühle 1, D-55122 Mainz
Fon: +49 (0)6131 90 65 60
Fax: +49 (0)6131 90 65 615
Email: osg-mainz@stadt.mainz.de
Web: www.osg-mainz.de

Geschwister-Scholl-Gymnasium
Friedrich-Heene-Str. 9-11, D-67061 Ludwigs-
hafen
Fon: 49 (0)621 50 44 31 110
Fax: +49 (0)621 50 44 31 198
Email: gsg@schollonline.de
Web:www.schollonline.de

Weitere Schulen in Rheinland-Pfalzauf
http://www.saarland.de/

Humboldt-Gymnasium Trier
Augustinerstraße 1, D-54290 Trier
Fon: +49 (0)651 97 950
Fax: +49 (0)651 97 95 299
Email: verwaltung@hgt-trier.dE
Web: www.hgt-trier.de

Max-Slevogt-Gymnasium
Hindenburgstr. 2, D-76829 Landau
Fon: +49 (0)6341 92 310
Fax: +49 (0) 6341 92 31 28
Email: msg-landau@gmx.de
Web: www.msg-landau.de

Abibac

Abitur und Baccaulauréat in einem Examen

Das AbiBac ist ein Doppelabschluss, mit dem Schülerinnen und Schüler gleichzeitig die deutsche Hochschulqualifikation, das Abitur, und das französische Baccalauréat erwerben. Der Abschluss geht aus einem 1994 von der deutschen und französischen Regierung unterzeichneten Abkommen hervor. Damit haben AbiBac-Absolventen Zugang zu den Universitäten beider Länder.

Auf dem Lehrplan steht verstärkter Französischunterricht sowie Geschichte und ein weiteres gesellschaftswissenschaftliches Fach in französischer Sprache. Die Partnerschaft mit einer Schule in Frankreich ermöglicht einen regelmäßigen Schüler- und Lehreraustausch. Zurzeit kann das AbiBac in 69 Schulen in Deutschland und 73 Schulen in Frankreich erworben werden.

Le Baccalauréat et l'Abitur en un seul examen

L'Abibac est un examen unique qui permet la délivrance simultanée du Baccalauréat français et de son équivalent allemand (Abitur) depuis 1994. Il donne accès de plein droit aux universités françaises et allemandes. Le taux de réussite des candidats est supérieur à 95 %.

Pour l'année scolaire 2012-2013, il est possible de présenter l'Abibac dans 78 établissements : 73 lycées répartis dans 25 académies de métropole et 1 d'outremer, ainsi que 5 lycées français en Allemagne. Chacun de ces établissements a un établissement partenaire en Allemagne, permettant des échanges autour de projets destinés à concrétiser les apprentissages et à fonder l'amitié franco-allemande.

Hessisches Kultusministerium, Referat III.4
Petra Pedersen, Marleen Peschke
Luisenplatz 10, D-65185 Wiesbaden
Fon: +49 (0)611 368 2311/2414
Email:petra.pedersen@kultus.hessen.de,
marleen.peschke@kultus.hessen.de
Web: https://kultusministerium.hessen.de/schule/europa-und-internationales/fremdsprachen

Email: abibac@ciep.fr
Web: http://www.ciep.fr

Französisch lernen – ein Kinderspiel!

Um in eine andere Sprache und Kultur einzutauchen, sind Erlebnisräume notwendig: Genau das sind unsere Französisch-Sprachateliers für Kinder von drei bis zwölf Jahren. Spannende und altersgemäße Aktivitäten, kreativ sein und experimentieren stehen im Vordergrund – und ganz nebenbei wird Französisch vermittelt. Auf die besonderen Bedürfnisse bilingualer Kinder gehen wir in unseren Ateliers bilingues ein.

Apprendre le français – un jeu d'enfant!

Apprendre une langue, c'est tout simple: il faut l'entendre et la pratiquer, agir et vivre dans cette langue, tous les sens en éveil. De cette idée sont nés les ateliers de français pour les enfants de 3 à 12 ans. Jouer ensemble, expérimenter, laisser libre cours à sa créativité – tout en apprenant le français. Notre offre est complétée par les ateliers bilingues destinés aux enfants bilingues.

Le soleil

La confiture

VIVRE BILINGUE®
Se connaître, se comprendre

Fabienne Jurado
Eckenheimer Landstr. 9
60318 Frankfurt a. M.
Tel. (069) 95 50 20 45
Fax (069) 95 50 20 46
info@vivre-bilingue.de
www.vivre-bilingue.de

Teil 7

Kirchen

Partie 7

Églises

Paroisse Catholique Francophone

La Communauté Catholique Francophone de Francfort

Fondée en 1966 par le Père Joseph Beaujaud, la *Communauté Catholique Francophone de Francfort* rassemble aujourd'hui beaucoup de nationalités de langue française à Francfort et dans un rayon de 100 km. En 2006, le Père polonais Slawomir Moleda a pris en charge la paroisse francophone. Il continue les nombreuses activités communautaires pour tous les groupes d'âge : catéchèse pour les enfants de six à onze ans, préparation à la communion et la confirmation pour les jeunes jusqu'à 18 ans, groupes de prière et de partage, rencontres de famille, messes pour adultes, jeunes et enfants, organisation de fêtes, aide et visite des personnes seules ou malades. Les dates et horaires de toutes les manifestations sont sur Internet: *www.fraccf.de*

Messe en français: tous les dimanches, 11h00, Dreifaltigkeitskirche Nied

Oeserstrasse 126, 65934 Frankfurt-Nied
Fon: +49 (0)69 52 31 62
Email: info.paroisseffm@gmail.com
Web: www.fraccf.de

Pfarrer Slawomir Moleda
Fon: +49 (0) 69 300 58 486 oder
Mob: +49 (0)176 43030967
Email: smoleda@msn.com

Paroisse Catholique Francophone

Frankophone Katholische Gemeinde Frankfurt

Die *frankophone Katholische Gemeinde in Frankfurt* wurde 1966 von dem katholischen Pfarrer Joseph Beaujaud gegründet. Sie vereint heute zahlreiche frankophone Nationalitäten aus Frankfurt und 100 km im Umkreis. In 2006 übernahm der polnische Pfarrer Slawomir Moleda die Leitung der Gemeinde. Er setzt das vielfältige Gemeindeleben für alle Altersgruppen fort: Katechismus-Stunden für Kinder von sechs bis elf Jahren, Vorbereitung auf Kommunion und Konfirmation für Jugendliche bis 18 Jahren, Gebetskreise, Familientreffs, Messen für Erwachsene, Kinder und Jugendliche, Organisation von Feiern und Festen, Betreuung von Alleinstehenden und Kranken. Datum und Zeit für einzelne Veranstaltungen im Internet: *www.fraccf.de*

Messe in Französisch: Jeden Sonntag, 11:00 Uhr, Dreifaltigkeitskirche Nied

Oeserstrasse 126, 65934 Frankfurt-Nied
Fon: +49 (0)69 52 31 62
Email: info.paroisseffm@gmail.com
Web: www.fraccf.de

Pfarrer Slawomir Moleda
Fon: +49 (0) 69 300 58 486 oder
Mob: +49 (0)176 43030967
Email: smoleda@msn.com

L'Église Réformée Française (Protestante)

La paroisse réformée française (protestante) est la plus ancienne des paroisses indépendantes de Francfort.

L'Église Réformée Française est régie selon l'ordre en vigueur depuis 1552, à quelques changements près. Il se réfère directement à l'ordre que Jean Calvin donna à la paroisse des réfugiés à Strasbourg. La direction de la paroisse se trouve entre les mains d'un « conseil presbytéral » dit « consistoire » ; il est composé de six Anciens, six Diacres, et du Pasteur. L'autorité suprême est l'assemblée paroissiale, qui élit le pasteur et prend des décisions importantes. Cette paroisse rassemble des membres de toute la ville de Francfort et des environs.

Depuis 1916, la langue paroissiale est l'allemand.

Le cœur de la foi réformée est le christianisme vécu dans toute sa dimension, l'unité de l'enseignement, la foi et la pratique dans la vie ancrée en Jésus Christ - tout comme le symbolise l'emblème : la couronne de laurier est le vieux symbole des martyrs.

La paroisse pratique le principe de l'amour chrétien du prochain et favorise activement la communauté avec les personnes handicapées. *L'École Primaire Intégrée* en est un témoignage. L'école est gérée en partenariat avec *l'Église Protestante Régionale*.

Evangelische Französisch-reformierte Gemeinde

Die Evangelische Französisch-reformierte Gemeinde ist die älteste evangelische Einzelgemeinde Frankfurts. Sie lebt nach einer Kirchenordnung, die mit wenigen Änderungen seit 1552 in Kraft ist. Sie geht unmittelbar auf jene Ordnung zurück, die Jean Calvin der französischen Emigrantengemeinde in Straßburg gegeben hat. Die Leitung der Gemeinde liegt in den Händen des Konsistoriums. Es besteht aus sechs Ältesten, sechs Diakonen und dem Pfarrer. Das höchste Organ ist die Gemeindeversammlung. Diese wählt den Pfarrer und trifft wichtige Entscheidungen. Die Gemeinde ist eine evangelische Personalgemeinde mit Mitgliedern aus ganz Frankfurt und Umgebung. Die Gemeindesprache ist seit 1916 Deutsch.

Der Kern des reformierten Glaubens ist gelebtes Christentum, Einheit von Lehre, Glauben und Lebenspraxis, verankert in Christus – wie im Emblem symbolisiert. Der Lorbeerkranz ist das alte Symbol der Märtyrer.

Die Gemeinde fördert aktiv die Gemeinschaft von Menschen mit und ohne Behinderungen. Manifestes Zeugnis dafür ist die *Integrative Grundschule*. Letztere wird in gemeinsamer Trägerschaft mit dem *Evangelischen Regionalverband Frankfurt* geführt.

Gottesdienst: sonntags 10:30 Uhr

Termine für Gottesdienste in Französisch auf der Internetsite der Kirche.

Evangelische Französisch-reformierte Gemeinde
Eschersheimer Landstraße 393, 60320 Frankfurt/M.
Fon: +49 (0)69 956253-3
Fax: +49 (0)69 956253-47
Email: info@reformierte-gemeinde-frankfurt.de
Web: www.reformierte-gemeinde-frankfurt.de

Pfarrer Bendix Balke
Eschersheimer Landstr. 395, 60320 Frankfurt/M
Fon : +49 (0)69 956253-55
Email: bendix.balke@reformierte-gemeinde-frankfurt.de

Französisch-Reformierte Gemeinde Offenbach am Main
www.franz-ref-offenbach.de

Evangelisch-reformierte Gemeinde
www.neu-isenburg.de/lebensraum/kirchen-und-religionsgemeinschaftenNeuIsenburg

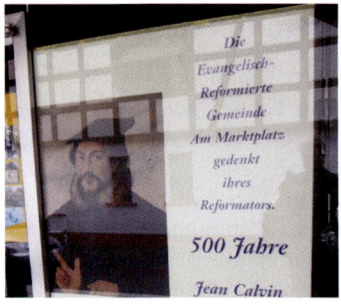

Die Evangelisch-Reformierte Gemeinde am Marktplatz in Neu Isenburg, gegründet von den Hugenotten, feierte in 2011 das 500. Jubiläum ihres Gründers, Jean Calvin.
- L'Église Réformée-Protestante de Neu Isenburg fondée par les Huguenots, célébra en 2011 le 500ème jubilé de son fondateur, Jean Calvin.

Evangelisch-reformierte Gemeinde Neu-Isenburg
www.neu-isenburg.de/lebensraum/kirchen-und-religionsgemeinschaftenNeuIsenburg

Teil 8

Kulturstätten

Partie 8

Institutions culturelles

Institut Français und Cinémayence in Mainz, Schillerstraße 11
Institut Français et Cinémayence à Mayence, 11 rue Schiller

www.institutfrancais.de, www.cinemayence.de
www.mainz.de/dijon_mayence/haus_frankreich.htm

L'Institut Français de Mayence

fondé en 1951, est installé au cœur de la ville dans le Palais Schönborn, construit aux débuts du baroque mayençais, dès 1670. En grande partie détruit en 1942, le bâtiment a été reconstruit avec l'aide de la France. Il est aujourd'hui classé monument historique. Rattaché au réseau culturel français en Allemagne et au service culturel de l'Ambassade de France, l'Institut Français a pour mission de diffuser et de promouvoir la langue française et les échanges culturels et artistiques franco-allemands à Mayence et dans le Land de Rhénanie-Palatinat. Le succès de la célébration de ses 60 ans en 2011 a confirmé l'importance de l'Institut Français de Mayence sur le plan local et régional.

L'enseignement de la langue française auprès de publics spécifiques (particuliers, entreprises et institutions) est au cœur des missions de l'Institut. Qu'il s'agisse du français professionnel, de besoins linguistiques sur mesure ou du français de la vie quotidienne, la qualité des enseignements proposés et la flexibilité des enseignants, tous locuteurs natifs et pédagogues diplômés, permettent de répondre à la demande d'un public exigeant.

Un bureau de coopération linguistique et éducative est également présent au sein de l'Institut Français. Relais des actions menées à l'échelle fédérale (Cinéfête, Prix des lycéens, concours Internet, etc.), ce bureau, qui s'appuie aussi sur une médiathèque, apporte son soutien à l'enseignement du français en Rhénanie-Palatinat et en Hesse par une action ciblée auprès des établissements scolaires des deux Länder. Le DELF scolaire est la vitrine de son succès. Avec près de 7500 candidats en

Das Institut Français für das Rhein-Main-Gebiet

Das Institut Français Mainz, gegründet 1951, befindet sich im Herzen der Stadt im Palais Schönborn. Dieser wurde ab dem Jahr 1670, während des Beginns des Mainzer Barocks, gebaut. Nachdem es 1942 zu einem großen Teil zerstört worden war, wurde das Gebäude mit französischer Hilfe rekonstruiert und ist heute ein historisches Baudenkmal. Als Teil des französischen Kulturnetzwerks und in enger Zusammenarbeit mit der Kulturabteilung der Französischen Botschaft, besteht das Ziel des Institut Français darin, die französische Kultur und Sprache sowie den deutsch-französischen Austausch in Mainz und Rheinland-Pfalz zu verbreiten und zu fördern.

Der Unterricht der französischen Sprache für verschiedene Zielgruppen (Privatpersonen, Firmen und Institutionen) ist eine der Hauptaufgaben des Instituts. Ob es sich um Französisch im Beruf oder Französisch im Alltag handelt, die Qualität des Lehrangebots und die Flexibilität der muttersprachlichen Lehrkräfte die alle vollausgebildete Pädagogen erlauben es, optimal und maßgeschneidert auf ein anspruchsvolles Publikum eingehen zu können. Als Zentrum zur Durchführung der mündlichen Prüfungen zum Erwerb des DELF-Sprachdiploms in Rheinland-Pfalz und Hessen begrüßt das Institut Français jährlich eine große Zahl von Kandidaten (7500 im Jahr 2013).

Darüber hinaus verfügt das Institut über eine 2014 neu renovierten Bibliothek mit mehr als 10.000 Medien (Bücher, CD, DVD) der französischen Literatur und Presse (Tageszeitungen, Zeitschriften), des Films

Rhénanie Palatinat et en Hesse en 2013, l'Institut de Mayence est le troisième centre de passation des épreuves orales du DELF scolaire en Allemagne.

La programmation culturelle de l'Institut Français est vaste : expositions, conférences, concerts, soirées de ballet, lectures et débats. Elle est conçue en étroite coopération avec ses partenaires: le ministère de la Culture de Rhénanie-Palatinat, l'Université Johannes Gutenberg, de nombreux musées et festivals, l'Opéra de Mayence ou encore Ciné-Mayence, le cinéma situé dans les murs mêmes du palais Schönborn, mais géré en propre par une association autonome. CinéMayence propose de nombreux films francais ou francophones. Les nombreuses manifestations font de l'Institut Français un acteur culturel de premier plan pour la ville et la conurbation Rhin-Main, ainsi que le lieu privilégié d'un dialogue fructueux entre deux pays, dont les conflits passés eurent bien souvent Mayence pour principale victime à travers les siècles. Mais Mayence, maintes fois meurtrie, fut aussi le point de départ du rapprochement franco-allemand dans l'après-guerre. Elle est le cœur historique de la relation franco-allemande telle qu'elle existe aujourd'hui. L'Institut Français de Mayence occupe donc aussi une position symbolique centrale au sein de cette relation.

INSTITUT
FRANÇAIS
MAINZ

Institut français Mainz
Schillerstraße 11, 55116 Mainz
Fon: +49 (0)6131 28 22 90
Fax: +49 (0)6131 28 22 923
Web: www.institutfrancais.de/Mainz

und der Musik. Wer Mitglied wird hat auch privat Zugang zum neuen Internetportal Culturethèque, wo er zahlreiche frankophone Bücher und Medien abrufen kann.

Das Institut Français Mainz bietet auch ein umfassendes Kulturprogramm mit Ausstellungen, wissenschaftlichen Vorträgen, Lesungen, Podiumsdiskussionen, Konzerten und Ballettabenden. Es wird in enger Zusammenarbeit mit dessen institutionellen und kulturellen Partnern angelegt: Kultusministerium, Johannes Gutenberg-Universität, Stadt Mainz, Staatstheater, Hochschule für Musik, Museen und Festivals, und natürlich das CinéMayence, das Kino, das im Palais Schönborn untergebracht ist, jedoch von einem unabhängigen Verein geführt wird. Im CinéMayence kann man regelmäßig französische Filme sehen, Klassiker und Neuigkeiten. Die zahlreichen Veranstaltungen machen das Institut Français zu einem wichtigen Kulturträger in Mainz und in Rheinland-Pfalz und Hessen.

Mainz, viele Male der Zerstörung ausgesetzt, ist mit dem Institut am Schillerplatz der Ausgangspunkt für eine Wiederannäherung zwischen Frankreich und Deutschland in der Nachkriegszeit gewesen. Es ist historisch gesehen die Geburtsstätte der deutsch-französischen Beziehung, wie sie heute existiert.

INSTITUT FRANÇAIS
MAINZ

Institut français Mainz
Schillerstraße 11, 55116 Mainz
Fon: +49 (0)6131 28 22 90
Fax: +49 (0)6131 28 22 923
Web: www.institutfrancais.de/Mainz

CRB Maison de Bourgogne

Créée en 1994, la Maison de Bourgogne est l'antenne officielle du conseil régional de Bourgogne en Rhénanie-Palatinat et assure la coordination entre les responsables politiques, institutions, chambres consulaires et différentes associations des deux régions partenaires.

Elle a pour vocation de promouvoir toutes les facettes de la région de Bourgogne. À cet effet, elle organise différentes manifestations et met à disposition des brochures touristiques. Le bureau des stages apporte son soutien aux bourguignons et rhéno-palatins âgés de 18 à 30 ans dans la recherche de stages dans la région partenaire. Depuis 2006, cette action permet également de réaliser des stages dans les autres régions du réseau quadripartite, Bohême centrale et Opole.

En tant que Point Info officiel, la Maison de Bourgogne informe les jeunes sur les programmes et dispositifs proposés par l'Office franco-allemand pour la jeunesse.

La bibliothèque « Rendez-vous Europe » de la Maison de Bourgogne est ouverte à tous et entièrement gratuite. La Maison de Bourgogne dispose également de dix expositions itinérantes qui peuvent être empruntées sur demande.

CRB Haus Burgund
Flachsmarktstraße 36, 55116 Mainz
Fon: +49 (0) 6131 23 43 17
Email: info@haus-burgund.de
Web: www.haus-burgund.de

CRB Haus Burgund[1]

Das Haus Burgund in Mainz wurde 1994 gegründet und ist als Teil des Regionalrats Burgund dessen offizielle Vertretung in Rheinland-Pfalz. Es ist in zuständig für die Koordination zwischen politischen Entscheidungsträgern, Institutionen, Kammern und Verbänden beider Regionen.

Das Haus Burgund organisiert darüber hinaus unterschiedliche Veranstaltungen, um die Region Burgund in all ihren Facetten zu präsentieren, und stellt touristische Broschüren zur Verfügung. Das Praktikantenbüro unterstützt Rheinland-Pfälzer und Burgunder im Alter von 18 bis 30 Jahren bei der Suche nach einer Praktikumsstelle in der jeweiligen Partnerregion. Die Aktion wurde 2006 auf die anderen Regionen des 4er-Netzwerks, Mittelböhmen und Oppeln, ausgedehnt.

Das Haus Burgund informiert als offizieller Info-Treff des Deutsch-Französischen Jugendwerks über dessen Angebote. Die Bibliothek mit Treffpunkt Europa im Haus Burgund ist öffentlich und kann kostenlos genutzt werden. Außerdem verfügt das Haus Burgund über zehn Wanderausstellungen, die kostenlos ausgeliehen werden können.

[1] CRB, das sind die Initialen von *Centre régional de Bourgogne.*

CRB Haus Burgund
Flachsmarktstraße 36, 55116 Mainz
Fon: +49 (0) 6131 23 43 17
Email: info@haus-burgund.de
Web: www.haus-burgund.de

Die Städelsche Stiftung

Der Stifter des Städelschen Kunstinstituts mit seiner Galerie, *Johann Friedrich Städel* (1728-1816) stammt aus einer Straßburger Familie. Diese kam mit einer Auswanderungswelle nach Frankfurt, nachdem die Freie Stadt Straßburg 1681 in das französische Königreich eingegliedert worden war. Teile des Elsass wurden bereits 1648 nach dem Westfälischen Frieden französisch. Im Jahre 1811, kurz vor seinem Tode, stiftete Johann Friedrich Städel der Stadt Frank-

furt 1,1 Millionen Gulden und 495 privat gesammelte Gemälde. Zu seinen Ehren befindet sich die Büste des Stifters in der Eingangshalle Städel-Galerie.

Seit Gründung dieses Kunst-Instituts trugen viele kunstliebende Bürger und Institutionen der Stadt Frankfurt zu seiner Erhaltung bei. Unter den Mäzenen befinden sich auch die Namen *Moritz Gontard*, *Hélène Souchay*, *Johann David Passavant*, *Philipp Jacob Passavan*t, *Caroline Faure*, *Jean Noe du Fay*, Otto *von Neufville* und andere. Jedes Jahr, Ende August, lädt das Städel-Museum zum Mäzenenfest in seinen Park ein.

La Fondation Staedel

Johann Frédéric Staedel, fondateur de l'institut Staedel avec sa galerie d'exposition, est né en Alsace, dans une famille strasbourgeoise venue à Francfort avec une vague de migration, quand la ville libre de Strasbourg fut intégrée au Royaume de France en 1681. Une partie de l'Alsace était déjà devenue française en 1648, après la Paix de Westphalie. En 1811, peu avant sa mort, Johann Frédéric Staedel donna à la ville de Francfort 1,1 million de gulden et 495 peintures de sa collection privée. Pour lui rendre hommage, le buste du donateur se trouve dans le hall d'entrée de la galerie Staedel.

Depuis la fondation de cet institut d'art, de nombreux mécènes de la ville de Francfort ont contribué à le maintenir. Parmi les mécènes se trouvent aussi les noms français suivants: *Moritz Gontard*, *Hélène Souchay*, *Johann David Passavan*t, *Philipp Jacob Passavant*, *Caroline Faure*, *Jean Noe du Fay*, *Otto von Neufville* et d'autres. Chaque année, fin août, le musée Staedel organise une fête des mécènes dans son parc.

Das Städelmuseum

Das Städel-Museum in Frankfurt ist eines der besten Kunstmuseen Deutschlands. Es beherbergt 700 Jahre europäischer Kunst, darunter eine bedeutende Sammlung französischer Maler des Impressionismus und der Moderne: von van Gogh, Cézanne, Matisse, Renoir, Monat, Manet, Degas, Courbet und Picasso. Von besonderer Bedeutung ist das Bild *Blick auf Frankfurt* von Gustave Courbet, gemalt 1858/59 während seines Aufenthalts in der Stadt. Mit der Wahl seiner Motive und realistischen Malweise leitete er in Frankfurt die Moderne in der Malerei ein.

Le Musée Staedel

Le Musée Staedel est l'un des meilleurs musées d'art d'Allemagne. Il abrite 700 ans d'art européen. Entre autres, une collection importantes de peintures de l'impressionnisme et des modernes français, par exemple des œuvres de Van Gogh, Matisse, Renoir, Monet, Manet, Degas, Courbet et Picasso.

Le tableau *Vue sur Francfort* réalisé en 1858/59 par Gustave Courbet pendant son séjour à Francfort, a une importance particulière. Par le choix de son sujet et sa façon réaliste de peindre, Courbet a initié la modernité dans la peinture à Francfort.

Städel Museum.
Städelsches Kunstinstitut
Dürerstraße 2
60596 Frankfurt am Main
Fon: +49 (0)69 60 50 98-0,
Fax: +49 (0)69 60 50 98-111
Email: info@staedelmuseum.de

Web: www.staedelmuseum.de
U-Bahn/Métro: U1,U2,U3,U8:
HH Willy-Brandt-Platz

Öffnungszeiten/Horaire d'ouverture
Di/Ma, Fr/Ve-So/Di: 10:00 -18:00 Uhr/h
Mi/Me-Do/Je: 10:00-21:00 Uhr/h

« J'ai tant appris d'eux… »

Max Beckmann parlant des Français

Les relations artistiques entre la France et Allemagne ont été liées puissamment au 19e siècle à Francfort et elles se maintiennent jusqu'à aujourd'hui. *Gustave Courbet* a été honoré plusieurs fois par des expositions, lui qui a passé une demi-année à Francfort en 1858. Les élèves de l'Académie Staedel *Victor Müller* et son beau-frère *Otto Scholderer* ont fait en retour le voyage pour Paris. L'intérêt profond pour les nouveaux courants de l'art français apparaît également dans d'autres œuvres singulières : Sur le grand tableau d'*Henri Fantin-Latour*, qui se trouve au M'O (Musée d'Orsay), Scholderer côtoie d'autres grands noms comme *Manet*, *Renoir*, *Zola*, *Bazille* et *Monet*.

Cependant cette relation fut interrompue. 1870/71 a initié un nouveau jugement des impressionnistes en France, dont les influences ne se feront sentir que plus tard en Allemagne. Dès les années 1890 les œuvres de l'impressionnisme français seront plus estimées et le Musée Staedel sera le premier en Allemagne, en 1899, à accueillir dans ses collections publiques une œuvre de Sisley.

Ce qui a commencé avec une donation du beau-père de *Georg Swarzenski*, ultérieurement l'un des directeurs du Musée Städel, à qui *Viktor Mössinger* donnera le « Bord de Seine en Automne » de Sisley, sera alors renforcé systématiquement.

Sous son directeur *Ludwig Justi*, le musée acquiert en 1904 une première toile de *Claude Monet* « Maisons à Zaandam ». Durant les années suivantes, beaucoup d'œuvres dans ce style suivent, de *Renoir, Degas, Manet, Cross* et, en 1910, une deuxième œuvre de Monet, achetée par son galeriste *Paul Durand-Ruel*. Il s'agit du « Déjeuner » de 1868, l'un des chefs d'œuvre de l'ère pré-impressionniste.

Dans ces conditions, il était logique que le musée sur les bords du Main consacre une grande exposition à Monet à l'occasion de son bicentenaire en 2015.

Le 20e siècle a pris le pouls de la modernité française : des séries de peintures qui ne font que s'approcher seulement de la vérité, le caractère éphémère d'une vision, l'atmosphère d'un événement, le temps qui passe en alternances rapides.

Jürgen Steinmetz

L'auteur propose des visites guidées depuis 20 années au Musée Staedel, partout à Francfort et pour autres musées de la ville.

„Von denen habe ich so viel gelernt…"

Max Beckmann über die Franzosen

Die künstlerischen Beziehungen zwischen Frankreich und Deutschland wurden im 19. Jahrhundert in Frankfurt stark geknüpft und reichen weit in die Gegenwart hinein. *Gustave Courbet* ist mehrmals mit Ausstellungen bezeugt, er verweilte zudem für die Dauer eines halben Jahres 1858 in Frankfurt. Die Städelschüler *Victor Müller* und dessen Schwager *Otto Scholderer* kamen zu einem Gegenbesuch nach Paris. Das profunde Interesse nicht nur dieser beiden an den neuesten Strömungen der französischen Kunst zeigen auch einzelne Werke auf: In einem großen Gemälde von *Henri Fantin-Latour,* das sich im M'O (Musée d'Orsay) befindet, ist *Scholderer* gleichberechtigt neben den anderen mit großem Namen zu sehen: *Manet, Renoir, Zola, Bazille* und *Monet.*

Diese Beziehung ist jedoch später unterbrochen worden. 1870/71 steht auch für eine Neubewertung der Impressionisten in Frankreich, und diese setzt sich verzögert in Deutschland durch. Ab den 1890er Jahren werden Kunstwerke des (französischen) Impressionismus mehr geschätzt, und so erhält das Städelmuseum als erste deutsche öffentliche Sammlung bereits 1899 ein Werk von Alfred Sisley, „Seineufer im Herbst."

Was mit einer Schenkung des Schwiegervaters von Georg Swarzenski, einem späteren Städel-Direktor, begann – *Viktor Mössinger* überreicht ihm das „Seine-Ufer im Herbst" von *Sisley* – wird nun systematisch ausgebaut.

Unter Direktor *Ludwig Justi* erwirbt das Museum 1904 das erste Bild von Claude Monet: „Häuser am Wasser (Zaandam)". In den folgenden Jahren kommen viele weitere Werke dieser Stilrichtung hinzu, von *Renoir, Degas, Manet, Cross* und im Jahr 1910 von *Monet* das zweite Werk, das von seinem Galeristen *Paul Durand-Ruel* erworben wird. Es handelt sich um „Le déjeuner" von 1868, eines der Hauptwerke der vorimpressionistischen Zeit *Monets.*

Insofern ist es nur folgerichtig, dass im Museum am Mainufer eine große Monet-Ausstellung gezeigt wurde, anlässlich des 200-jährigen Jubiläums des Städelmuseums im Jahr 2015.

Die Zeitenwende des 20. Jahrhunderts übernimmt den Pulsschlag der französischen Moderne: Bilderserien, die sich einer Wahrheit lediglich annähern können, das Ephemere der Erscheinung, die Atmosphäre des Ereignisses, das Vorüberziehen im schnellen Wechsel.

Jürgen Steinmetz

Der Autor, der in Frankreich Kunstgeschichte studierte, unternimmt seit 20 Jahren Führungen im Städel, überall im Stadtgebiet Frankfurts und für andere städtische Museen.

DAS INTERNATIONALE
THEATER FRANKFURT

Le Théâtre International

Jouant avec le cœur et l'âme, environ 800 interprètes et musiciens se produisent chaque année dans leur culture maternelle au Théâtre International Francfort, dont la vocation première est de promouvoir les cultures authentiques étrangères à travers l'art. Le théâtre vous propose environ 150 spectacles par an, de différentes cultures. Ces spectacles peuvent être une porte ouverte sur d'autres mondes pour certains et un petit bout de leur pays natal pour d'autres. Dans sa conception actuelle, le Théâtre International Francfort a été fondé en 1998.

L'âme du répertoire, ce sont les pièces de théâtre, qui représentent environ 50% des représentations annuelles. Le Théâtre offre également d'autres types d'art aussi divers que variés : cela peut aller du concert classique au Klezmer, de la chanson française au fado et au jazz, du flamenco au tango et même au ballet mais aussi des films étrangers en version originale sous-titrée. Le Théâtre propose régulièrement des spectacles de culture allemande, anglaise, française, hispanique, italienne et russe ainsi qu'une vingtaine d'autres cultures de façon occasionnelle.

Parmi ses représentations, les spectacles du Théâtre Français jouent un rôle d'une importance particulière : c'est la section la plus stable et celle qui attire le plus de spectateurs. Par an, il présente une vingtaine de pièces de théâtre et des soirées de chansons, en provenance de l'Hexagone. Il offre en outre pour les artistes et groupes amateurs français locaux une plateforme qui leur permet de vivre leur culture dans leur pays d'accueil. Le Théâtre International coopère régulièrement avec la Société Franco-Allemande à Francfort et l'Institut Français d'Histoire en Allemagne. Il entretient des relations étroites et de confiance avec le Consulat général de France ainsi que les autres associations françaises.

Das Internationale Theater Frankfurt
Spielstätte: Hanauer Landstr. 7 (Zoo-Passage), 60314 FFM
Theaterbüro/Info & Vorverkauf: Grüne Str. 11, 60316 FFM
Fon:+49 (0)69 499 09 80, Fax: +49 (0)69 94 31 95 81
Email: Info@Internationales-Theater.de
Web: www.Internationales-Theater.de
S-Bahn/Tram: HH Ostendstraße | U-Bahn U6, U7: HH Zoo

DAS INTERNATIONALE
THEATER FRANKFURT

Das Internationale Theater

Authentische Kunst aus ihrer Heimat, gespielt mit Herz und Seele: Das bieten jährlich rund 800 Darsteller und Musiker aus etwa 25 Kulturen im Internationalen Theater Frankfurt. 150 Veranstaltungen bringen sie bei 100 Gastspielen im Jahr auf die Bühne. Ihren Landsleuten geben sie damit ein Stück Heimat, dem übrigen Publikum ein Tor zu den Kulturen unserer Welt. In seiner jetzigen Form wurde das Internationale Theater 1998 gegründet.

Herz des Hauses ist das Sprechtheater mit etwa der Hälfte aller Vorstellungen. Darüber hinaus stehen viele weitere Kunstformen auf dem Spielplan: Konzertabende von Klassik bis Klezmer, Gesang von Chanson über Fado bis zu Jazz, Tanz von Flamenco und Tango bis Ballett sowie Filme in Originalversion mit Untertiteln. Regelmäßig finden Veranstaltungen aus der deutschen, englischen, französischen, hispanischen, italienischen und russischen Kultur statt; weitere 20 Kulturen und Sprachräume kommen sporadisch hinzu.

Einen besonderen Stellenwert nimmt das Théâtre Français, die französische Bühne, ein: Es ist sowohl die stabilste als auch die besucherstärkste Sparte. Im Jahr zeigt es zwischen 20 – 30 Veranstaltungen in französischer Sprache oder Musik mit Compagnien, die es aus Frankreich einlädt. Außerdem bietet es ortsansässigen französischen Künstlern und Amateurgruppen eine Plattform, um ihre Kultur zu pflegen. Das ITF kooperiert regelmäßig mit der Deutsch-Französischen Gesellschaft Frankfurt und dem Institut Français d'Histoire en Allemagne. Des Weiteren unterhält es vertrauensvolle Beziehungen mit dem Französischen Generalkonsulat und den übrigen französischen Vereinen.

La compagnie théâtrale amateur « derdiedascalies »

Nos représentations ont lieu au Théâtre International de Francfort (ITF). Notre compagnie *derdiedascalies* est née le 4 juin 2009 à 00h00 ! En réalité, elle existe déjà depuis 2001 mais s'est métamorphosée au fil des ans, empruntant divers noms : *mémoires courtes, puis désir de scène*, et aujourd'hui *derdiedascalies*.

Pourquoi derdiedascalies?

Le terme *didascalies* vient du grec et signifie *enseignement, instruction*. Dans le texte d'une pièce de théâtre, ce sont les notes rédigées par l'auteur à destination des acteurs donnant des indications de jeu ou de mise en scène. Nous avons par le choix de ce mot voulu exprimer tout le sérieux que nous mettons à préparer une pièce : un spectacle réussi est le résultat de nombreuses heures de répétition, de travail et de motivation. C'est aussi un clin d'œil à la grammaire de notre pays d'accueil rappelant ainsi que nous faisons partie d'une troupe francophone en Allemagne.

La compagnie est aujourd'hui dirigée par *Monique Steltzner*. Notre répertoire : Essentiellement des comédies de boulevard !

Das Theatervergnügen mit der Kompanie derdiedascalies können Sie zu Hause wiederholen – mit ihren DVDs.
Vous pouvez retrouver le plaisir théâtral avec la compagnie derdiedascalies à la maison sur DVD.

Facebook
derdiedascalies

Kontakt/Contact
Email: info@diedascalies.de
Web: www.derdiedascalies.de

Die Amateurtheatertruppe
„derdiedascalies"

Unsere Bühne ist das Internationale Theater Frankfurt (ITF).
Unsere Theatertruppe wurde am 4. Juni 2009 um 00h00 geboren, doch
es gibt sie bereits seit 2001. Im Laufe der Jahre ist die Truppe unter
verschiedenen Namen aufgetreten und hat sich von einer Gruppe
begeisterter Amateure zu einer semi-professionellen Mannschaft
entwickelt, anfangs unter dem Namen *mémoires courtes*, dann unter
désir de scène und heute als *derdiedascalies*.

Warum nennen wir uns derdiedascalies?

Der Begriff *didascalie* kommt aus dem Griechischen und bedeutet
Lehre. In der Theaterwelt nennt man didascalie die vom Autor geschrie-
benen Notizen, die dem Schauspieler helfen, das Stück zu inszenieren.
Mit diesem Begriff wollen wir betonen, mit wie viel Einsatz wir ein
Theaterstück vorbereiten. Eine erfolgreiche Vorstellung ist das Ergebnis
unzähliger Probestunden, von viel Arbeit und Motivation. Unser Name
soll jedoch auch an unser Gastland und dessen Grammatik mit der-die-
das erinnern und zugleich betonen, dass wir französische Schauspieler
in Deutschland sind.

Die Leiterin der Theatertruppe *derdiedascalies* ist *Monique Steltzner*.
Unser Repertoire besteht hauptsächlich aus Boulevard-Komödien.

Saison 2014/2015 www.derdiedascalies.de

Jean-Francois Cuenin, André Immer, Nicolas Dewit, Eric Francois, Emmanuel Beaufils, Paul Counet,
Sylvia Gerber, Sandra Savary, Frédérique Groulard, Claire Lagrange, Armelle Krebs,
Horst Schönhaar, Francois Parisot, Elke Lacombe, Monique Steltzner, Isabelle Meides, Simone Goka

La Compagnie
derdiedascalies

Philippe Huguet

Philippe Huguet vit en Allemagne depuis plus de 25 ans. Il n'habite pas à Francfort mais dans le Palatinat à Kirchheim an der Weinstraße. Cependant il est bien connu des francophiles de la région puisqu'il se produit régulièrement sur les scènes francfortoises - à la Fabrique et surtout au Théâtre International.

Photo : W. Schmitt

Il est chanteur, acteur, metteur en scène, auteur, compositeur et pédagogue. Il enseigne le français chanté aux Écoles Supérieures de Musique de Stuttgart et Mannheim. Depuis quelques années il se consacre en tant qu'interprète de plus en plus à la Chanson française et surtout au répertoire de Jacques Brel. Bien qu'il présente ses spectacles actuels autour du « Grand Jacques » dans toute l'Allemagne avec un grand succès, Francfort est la ville où il donne le plus de concerts - avant Münster et Aix La Chapelle. En France c'est Avignon qui tient le record puisqu'il joua « BREL! » vingt cinq fois (en 25 jours!) au Festival Off en 2011. Ce premier spectacle clôtura le Festival des Musiques du Monde de Kassel. La presse écrivit à cette occasion: « un spectacle d'exception pour et par un artiste d'exception ».

Le second hommage, « Ce soir j'attends Madeleine », clôtura lui le Festival transfrontalier « Ferme(s) en Scène » de la région de Wissembourg. Les Echos de la presse sont élogieux. On peut lire entre autres: « Personne ne peut attendre aussi bien et aucun ne peut célébrer le géant de la Chanson qu'est Jacques Brel mieux que Philippe Huguet ».

Pour en savoir plus, vous êtes invités à visiter son site internet: www.philippe-huguet.eu. Vous y trouverez tous ses spectacles, des photos, des vidéos et bien sûr les dates de ses concerts à Francfort et ailleurs.

Photo : D. Kinsler

Philippe Huguet

Philippe Huguet lebt seit über 25 Jahren in Deutschland. Er wohnt nicht in Frankfurt, sondern in der Pfalz in Kirchheim an der Weinstraße. Dennoch ist er den Frankophilen der Region gut bekannt, da er immer wieder auf den Frankfurter Bühnen gastiert - in der Fabrik und besonders im Internationalen Theater.

Er ist Sänger, Schauspieler, Regisseur, Autor, Komponist und Pädagoge. Er unterrichtet das gesungene Französisch an den Hochschulen für Musik Stuttgart und Mannheim. Seit einiger Zeit widmet er sich als Interpret immer mehr dem Französischen Chanson und an erster Stelle dem Repertoire Jacques Brels. Obwohl er seine aktuellen Abende um den „Großen Jacques" in ganz Deutschland präsentiert, ist Frankfurt die Stadt, in der er am meisten auftritt – vor Münster und Aachen. In Frankreich hält Avignon den Rekord, da er „Brel!", beim Festival Off 2011 25 Mal (in 25 Tagen!) aufführte. Mit diesem Abend gestaltete Philippe Huguet die Abschlussveranstaltung des Kasseler Weltmusikfestivals. Die Presse schrieb damals: „ein Ausnahmekonzert für und von einem Ausnahmekünstler." Sein zweites Brel-Programm, „Heute Abend warte ich auf Madeleine", war seinerseits die Abschlussveranstaltung des grenzüberschreitenden Festivals „Ferme(s) en Scène" rund um Wissenbourg. Die Pressestimmen sind begeistert. Unter anderem kann man lesen: „Niemand kann so gut warten und keiner die belgische Chansonlegende Brel besser zelebrieren als Huguet."

Erfahren Sie mehr auf seiner Internetseite: www.philippe-huguet.eu. Sie finden dort alle seine Programme, Fotos, Videos und natürlich seine Konzerttermine in Frankfurt und überall.

Delattre Dance Company – Danse avec émotions

La D*elattre Dance Company (DDC)* est une compagnie de danse indépendante et ballet contemporain qui cherche à dépasser les limites du ballet classique, en examinant l'approche de mouvements extrêmes et en partageant des émotions intenses.

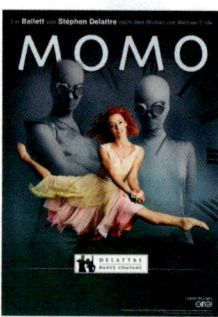
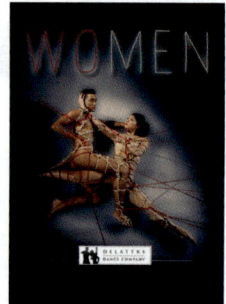

La compagnie a été fondée en 2012 par son directeur artistique et chorégraphe *Stéphen Delattre*, originaire de *l'Ecole Nationale Supérieure de Danse de Marseille*, et *Martin Opelt*, son partenaire pour la gestion administrative basée à Mayence au théâtre du Mainzer Kammerspiele.

Tous deux ont pour but d'ancrer une *unique plateforme de danse néoclassique et moderne* dans la région. Cette plateforme donne la possibilité aux danseurs et danseuses professionels d'intensifier et d'explorer leurs expériences au niveau international. De même, elle offre aux jeunes talents la possibilité de rebondir dans leur carrière pour se faire connaître dans le milieu de la danse professionelle.

À travers cette plateforme, le développement artistique et l'évolution continue de la danse doivent offrir l'accessibilité à un public plus vaste à travers des émotions fortes.

Son objectif est de créer un assortiment varié de cultures, de genres et d'artistes exceptionnels qui unissent leurs forces pour créer une danse novatrice, de développer en relation avec les danseurs de nouveaux programmes chorégraphiques qui mettent l'accent thématique sur l'importance des relations interpersonnelles. A travers un entraînement professionnel journalier, DDC donne aux danseurs la capacité d'utiliser leurs compétences et de participer à des événements sur la scène nationale et internationale de la danse.

www.delattredance.com
https://www.facebook.com/delattre.dancecompany

Delattre Dance Company – Tanz mit Emotionen

Die *Delattre Dance Company (DDC)* ist ein modernes freies Ballett-Ensemble im Rhein-Main Gebiet, das durch extreme Bewegungen und durch die Erforschung intensiver Gefühle die Grenzen des traditionellen Balletts herausfordert.

Foto: Minya Backenköhler / Tom Ray © Delattre Dance Company 2015

Die Company wurde 2012 von dem französischen Solo-Tänzer und Choreografen *Stéphen Delattre*, der ursprünglich aus der *Ecole Nationale Supérieure de Danse de Marseille* stammt, und seinem Geschäftspartner *Martin Opelt* gegründet und hat ihren Sitz in Mainz an den Mainzer Kammerspielen.

Beide widmen ihre Arbeit der Aufgabe, eine einzigartige *neoklassische- und moderne Tanz Plattform* in der Region zu verankern. Diese Plattform bietet international die Möglichkeit für professionelle Tänzern/innen ihre Erfahrungen zu vertiefen und auszubauen. Ebenso bietet sie jungen Talenten die Möglichkeit, für die Berufswelt entdeckt zu werden.
Durch ihren Einsatz soll die künstlerische Entwicklung und die kontinuierliche Verbesserung des Tanzes einem breiten Publikum zugänglich gemacht werden.

Ihr Ziel ist es, durch eine vielfältige Zusammenstellung aus Kulturen, Genres und außerge-wöhnlichen Künstlern, mit vereinten Kräften innovativen Tanz zu kreieren. Gemeinsam mit den Tänzern werden neue choreografische Schemata entwickelt, die thematisch die Bedeutung zwischenmenschlicher Beziehungen hervorheben. Tägliches, professionelles Training ermög-licht ihnen, ihre Kompetenzen zu nutzen und am Geschehen der nationalen und internationalen Tanzszene mitzuwirken.

Künstlerhaus Mousonturm

Das Künstlerhaus befindet sich in dem ehemaligen Fabrikgebäude der Familie Mouson. Diese aus Lothringen stammenden Parfum- und Seifenproduzenten gründeten ihre Firma 1768 in Frankfurt. Der heutige Theatersaal war zu jener Zeit die Produktionshalle. Der 33 m hohe Turm gilt als das erste Hochhaus von Frankfurt. Das gesamte Gebäude steht heute unter Denkmalschutz.

Das Künstlerhaus Mousonturm wurde 1988 als eines der ersten freien Produktionshäuser in Deutschland eröffnet und zählt heute international zu den wichtigsten und erfolgreichsten freien Produktionszentren. Zeitgenössischer Tanz und Choreografie, Performance und innovative Formate internationaler Theaterarbeit – darunter auch französischsprachige Theaterstücke – bilden den Schwerpunkt des Mousonturm-Programms. Es wird durch Konzerte, Lesungen und Installationen ergänzt.

La Maison des Artistes Tour Mouson

La Maison des Artistes est située dans l'enceinte de l'ancienne usine de la famille Mouson. Ces producteurs de parfums et savons originaires de Lorraine fondèrent leur société en 1798 à Francfort. Aujourd'hui, le hall de production d'autrefois sert de salle de théâtre. L'ensemble du bâtiment est classé monument historique. Avec ses 33 mètres de haut, la tour est considérée comme le premier gratte-ciel de Francfort.

La Tour Mouson a été ouverte en 1988 comme l'une des premières maisons de production indépendante en Allemagne et est aujourd'hui l'un des plus importants centres de production indépendants au niveau international. La danse et la chorégraphie contemporaine, des performances et formats innovants pour le théâtre, y compris des pièces en langue française, sont inscrits au programme de la Tour Mouson. Ce dernier est complété par des concerts, des lectures et des installations.

Künstlerhaus Mousonturm
Frankfurt am Main GmbH
Waldschmidtstraße 4, 60316 Frankfurt am Main
Fon: + 49 (0)69 40 58 95 0
Fax: + 49 (0)69 40 58 95 40
Email: info@mousonturm.de
Web: www.mousonturm.de

Frankfurter Bürgerstiftung
im Holzhausenschlösschen e. V.
Justinianstraße 5
60322 Frankfurt am Main
Fon: +49 (0)69 55 77 91
Fax: +49 (0)69 59 88 05
Email: info@frankfurter-buergerstiftung.de
Web: www.frankfurter-buergerstiftung.de
Öffnungszeiten/Horaire d'ouvertue
Mo/Lu-Do/Jeu: 10:00- 12:00 Uhr/h
Mi/Mer-Do/Jeu: 14:00-16:00 Uhr/h

Das Holzhausenschlösschen

Das Holzhausenschlösschen – so wie wir es heute sehen – wurde in den Jahren 1727-1729 von dem Darmstädter Schlossbaumeister *Louis Rémy de la Fosse* in französisch-ländlichen Barockstil neu errichtet. Es war die Zeit, als die reichen Bürger der Stadt, inspiriert von der Rousseauschen Philosophie, begannen, außerhalb der Stadt, nahe an Wald und Feld, große Villen, Landgüter und Wochenendhäuser zu bauen.

Das Schlösschen des Herrn *Justinian von Holzhausen* gilt seit der Renaissance als Ort von Kunst und Kultur. Heute steht es unter Leitung der Frankfurter Bürgerstiftung e. V., die die Traditionen des Hauses fortsetzt.

Lesungen – Konzerte – Ausstellungen – Kindertheater
Programm im Internet

Le petit château de Holzhausen

Le petit château de Holzhausen – dans sa forme actuelle – fut construit dans les années 1727-1729 par l'architecte du château de Darmstadt, *Louis Rémy de la Fosse*, en style baroque rustique français. A l'époque, les riches citoyens francfortois, inspirés par la philosophie de Rousseau, aspiraient à posséder des villas et des petits châteaux en dehors de la ville, près des champs et forêts. Depuis l'époque de Renaissance, le petit château de Monsieur *Justinian de Holzhausen* est apprécié comme lieu de culture et d'art.

De nos jours, il est dirigé par la Frankfurter Bürgerstiftung e. V. qui perpétue la tradition de l'établissement.

Lectures publiques – concerts – expositions – théâtre pour enfants
Programme sur Internet

Das Nebbiensche Gartenhaus

Dieses architektonische Schmuckstück entstand Anfang des 19. Jahrhunderts, als in Frankfurt auf Befehl Napoleons die mittelalterlichen Stadtmauern abgerissen und an ihrer Stelle ein Grüngürtel um die Stadt angelegt wurde. Dieses kleine Gartenhaus wurde von dem französischen Architekten *Nicolas Alexandre Salins de Montfort* erbaut. Es gehörte dem Kaufmann Markus Johann Nebbien. Salins de Montfort hat mit seinem klassizistischen Gebäuden einen großen Beitrag zur Architektur des modernen Frankfurt geleistet. Leider wurden sie im 2. Weltkrieg alle zerstört. Das kleine Gartenhaus in der Bockenheimer Anlage ist das einzige Bauwerk von Salins de Montfort, das noch existiert. Der Künstlerclub e. V. veranstaltet hier Ausstellungen, Lesungen und Konzerte.

Konzerte – Ausstellungen – Lesungen – Diskussionen – Tanzabende

La Maison champêtre de Monsieur Nebbien

Ce bijou architectural fut érigé au début du XIXème siècle, à l'époque où l'on se mettait à démolir, sur l'ordre de Napoléon ler, les remparts qui entouraient la ville moyen-âgeuse, pour les remplacer par une ceinture de verdure. Cette petite maison champêtre a été construite par *Nicolas Alexandre Salins de Montfort* pour le commerçant Markus Johann Nebbien. L'architecte français a beaucoup contribué, avec ses bâtiments en style classique, à développer le visage moderne de la ville de Francfort. Le Nebbiensches Gartenhaus est le seul témoignage de l'œuvre architecturale de Salins de Monfort qui ait survécu au temps. Il est utilisé par le Club des Artistes pour des expositions, des lectures publiques et des concerts.

Concerts – Expositions – Lectures publiques – Discussions – Danse

Künstlerclub e. V.
Nebbiensches Gartenhaus
Bockenheimer Anlage,
beim Hotel Hilton/près de l'Hôtel Hilton
Fon: +49 (0)69 23 57 34
Web: www.frankfurterkuenstlerclub.de
U-Bahn/Métro: U1,U2,U3,U8: HH Eschenheimer Turm
Öffnungszeiten/Horaires d'ouverture
Täglich/Tous les jours, außer Montag/sauf lundi
November/novembre-Februar/février: 11:00-17:00 Uhr/h
März/mars-Oktober/octobre: 12:00-18:00 Uhr/h

Archäologisches Museum Frankfurt

Längst vergangene Zeiten werden im Archäologischen Museum lebendig. Eine bedeutende Freianlage des Museums ist der *Archäologische Garten* auf dem Domhügel. Hier sind Mauerreste aus römischer, karolingischer und mittelalterlicher Zeit erhalten, die bei Ausgrabungen in der zweiten Hälfte des 20. Jahrhunderts freigelegt wurden. Darunter befindet sich die große Aula Regia, die Königshalle der karolingische Pfalzanlage, die hier von Kaiser Ludwig dem Frommen 823 n. Chr. errichtet worden war. Im selben Jahr, am 13. Juni 823, wurde in dieser Pfalz ein Sohn Ludwigs geboren, der später als *Karl der Kahle (Charles le Chauve)* der erste König Frankreichs wurde. Der Archäologische Garten, über dem zurzeit das Stadthaus errichtet wird, wird in neuer Gestaltung und museographischer Aufbereitung im kommenden Jahr wiedereröffnet werden. Ein Modell der Pfalzanlage sowie zahlreiche Grabungsfunde vom Domhügel sind im Archäologischen Museum in der Karmelitergasse zu besichtigen.

Musée archéologique de Francfort

Le passé reprend vie au Musée archéologique. Un élément important du musée est le jardin archéologique sur la colline de la cathédrale. On peut y voir des ruines datant des périodes romaine, carolingienne et médiévale qui ont été découvertes lors de fouilles dans la seconde moitié du XXe siècle. Parmi elles, la grande Aula Regia, la salle du roi du complexe carolingien que l'empereur Louis le Pieux a fait construire en 823 de notre ère. Le 13 juin de cette même année 823, naissait dans ce palais le fils de Louis qui deviendra plus tard *Charles le Chauve,* le premier roi de France. Le jardin archéologique, sur lequel est actuellement construit la « Stadthaus », sera rouvert l'année prochaine dans un nouveau design. Un modèle du complexe et les nombreuses découvertes de fouilles sur la colline de la cathédrale sont exposés dans le musée archéologique de la Karmelitergasse.

Archäologisches Museum Frankfurt,
Karmelitergasse1, 60311
Fon: +49 (0)69 212 35 896
Email: Info.archaeolmus@stadt-frankfurt.de
Email: fuehrungen.archaeologie@stadt-frankfurt.de
Web: www.archaeologisches-museum.frankfurt.de
Geöffnet/Ouvert: Di/Ma-So/Di 10-18 Uhr/h, Mi/Me 10-20 Uhr/h

Kinos, die Filme in französischer Sprache zeigen

Cinémas offrant des films en langue française

Kino im Deutschen Filmmuseum
Cinéma dans le Musée Allemand du Film

Schaumainkai 41
60594 Frankfurt am Main
Fon +49 (0)69 961 220-220
Fax: +49 (0)69 961 220-339
Email: info@deutsches-filminstitut.de
Web: www.deutsches-filmmuseum.de
Café dans le cinema: +49 (0)69 961 220 280
U-Bahn/Métro: U1, U2, U3, U8: HH Schweizer
Platz
U4, U5: HH Willy-Brandt-Platz
Tram 15, 16, 19: HH Garten-/Schweizerstraße
Französische Filme regelmäßig im Monats-
program (Tabellarium):
Des films en langue française au programme
tous les mois:
http://deutsches-filminstitut.de/filmmuseum/
kinoprogramm/

Mal Seh'n Kino e. V.
(Cinéma atelier « Regardons »)

Kino & Café »Filmriss«
Cinéma & Café « Filmriss »
Adlerflychtstraße 6
60318 Frankfurt am Main (Nordend)
Fon:+49 (0)69 5970845
Fax:+49 (0)69 557342
Kartenbestellung/Réservation de billets:
Fon: +49 (0)69 5970845 ab /dès 18 Uhr /h
Email: info@malsehnkino.de
Web: www.malsehnkino.de/
U-Bahn/Métro: U5: HH Musterschule
Öffnungszeiten/Horaires d'ouverture :
Mo/Lu-Fr/Ven: 19:00- 01:00 Uhr/h
Sa/Sa- So/Di: 18:00-02:00 Uhr/h

Teil 9

Französische Gastronomie

Partie 9

Gastronomie française

Echtes französisches Baguette

... ist nicht einfach Weißbrot. Das Geheimnis, wie es gebacken wird, kennt der Meisterbäcker der Bistro Bäckerei *„Baguette Jeanette"* in Frankfurt. Die Zutaten für den Baguetteteig sind reines Mehl – frei von jeglichen Zusätzen – Wasser, Salz und ein wenig Hefe. Die spezielle Zubereitung lässt das Brot bis zum Abend frisch bleiben. In Frankreich ist der Name „Baguette" geschützt. Die Parameter für dieses Produkt bestimmt und kontrolliert die Bäckerinnung der Handwerkskammer. Es muss ca. 250 Gramm wiegen, darf nicht länger als 75 Zentimeter lang sein und ist im Ergebnis dünn und schmal. Ein Brot dieser Art darf nur von einem *„boulanger"* hergestellt werden. Das ist ein Bäcker, der Baguettes verkauft, die er selbst in seinem Geschäft backt. Weißbrote, wie sie in Deutschland als Baguette angeboten werden, entsprechen in Frankreich eher einem sogenannten *„bâtard"*. Das ist ein Brot, das in Form und Gewicht zwischen echtem Baguette und „Parisienne" liegt. Letzteres wiegt ca. 500 Gramm.

Une vraie baguette à la française …

…n'est pas tout simplement du pain blanc. Le maître Boulanger de la *Boulangerie - Bistrot Baguette Jeanette* à Francfort connaît bien le secret de sa fabrication. Les ingrédients pour la pâte sont : de la farine pure (sans aucun additive), de l'eau, du sel et un peu de levure boulangère. La préparation spécifique de la baguette permet à cette sorte de pain de rester frais jusqu'au soir. Le nom de « baguette » est une appellation protégée en France. Ses critères tells poids, forme et longueur ainsi que les ingrédients, sont définis par les associations professionnelles représentatives. La forme de la baguette en France en fait un produit caractéristique connu dans le monde entier. D'autre part, il y a quelques années, le gouvernement a pris un décret protégeant la désignation de « boulanger » : seuls les « faiseurs de pain » ont le droit de porter ce nom. Le boulanger vend le pain qu'il a fait lui-même : sinon, il est interdit d'utiliser ce mot et on utilise l'expression « point de vente ». Le pain blanc vendu en Allemagne rappelle plutôt aux Français ce que l'on trouve à Paris sous le nom d'une « parisienne » un pain plus gros et plus long que la baguette ou un « bâtard » un pain de même poids que la baguette mais plus court et plus large.

Unser Baguette ist einfach „fantastiche"!

Weil das Original aus Frankreich immer noch besser schmeckt, wenn Franzosen es machen, oder?

Notre baguette est fantastique!

Retrouvez la baguette de Tradition française comme vous l'aimez.

Baguette Jeanette
Berger Straße 187
60385 Frankfurt / Main
Telefon 0 69 95 63 67 02
bjfrankfurt@gmail.com
www.baguette-jeanette.de

Die Tradition des französischen Caterers

„Der Caterer ist sowohl der Alltagskoch als auch der Koch der Ausnahme, der Meister der Zubereitung des Tagesgerichtes sowie der feierlichen Delikatesse. Er braut gekochte Gerichte zusammen, zur Mitnahme oder Belieferung", so die Definition im Handwerks-Forum „artisanat.info".

Was macht das französische Catering so besonders? So wie die französische Gastronomie spielen die Raffinesse, die Ästhetik und der Genuss beim Catering (auch Traiteur genannt) eine wichtige Rolle. Verführerische Häppchen, Köstlichkeiten im Glas (Verrines), ausgefallene Canapés, Mini-Pâtisserie bis zu den unwiderstehlichen Macarons machen aus jedem Anlass ein Fest der Sinne!

„Traiteur Jeanette" verkörpert diesen gastronomischen Werkmeister, der Ereignisse aller Art organisiert. Privat oder geschäftlich, Bankett oder Empfang, Arbeits- oder Freundesessen, Konferenz oder Meeting, „Traiteur Jeanette" ist der ideale kulinarische Partner jedes Anlasses in Frankfurt und Umgebung.

La Tradition du traiteur français

« Le traiteur est cuisinier du quotidien mais aussi de l'exceptionnel, maître de la préparation du plat du jour comme du plat de fête. Il concocte des plats cuisinés, prêts à être emportés ou livrés à domicile », comme le définit le forum de l'artisanat français « Artisanat.info ».

La particularité française ? Le raffinement, l'esthétisme, la recherche du plaisir absolu dans la pure tradition de la gastronomie française : les verrines, les réductions salés et sucrées, les bouchées exquises et les mini pâtisseries comme les macarons transforment des occasions particulières en moments d'exception.

« Traiteur Jeanette » incarne à merveille ce maître-d'œuvre gastronome, l'organisateur de toutes sortes d'évènements pour particuliers et professionnels, banquets et réceptions, repas d'affaires et entre amis, conférences et meetings, foires et salons : il est le partenaire culinaire français privilégié de toute occasion sur Francfort et ses alentours.

Echt Französisch!

Genussvoll, raffiniert, leiden-
schaftlich, exklusiv und doch
unkompliziert …
Einfach verführerisch!

Ob salzig oder süß, für kleine
und größere Events, bei uns in
Bornheim-Mitte (bis 70 Personen)
oder ganz bequem bei Ihnen,

zur Abholung oder geliefert, in
und außerhalb von Frankfurt:
wir sind mit Leib und Seele immer
für Sie da!

Ein professionelles Team an
Ihrer Seite für ein gelungenes
Ereignis! Ihr französischer Caterer
in Frankfurt, Traiteur Jeanette.

Traiteur Jeanette
Berger Straße 187 · 60385 Frankfurt / Main
Telefon 01 76 56 89 24 14
traiteur.jeanette@yahoo.com · www.traiteur-jeanette.de

La cuisine française – une manière très élégante de cuisiner

La cuisine française est caractérisée par sa diversité extrême. Elle est considérée comme une des plus raffinées et des plus élégantes manières de cuisiner. Beaucoup des meilleurs chefs mondiaux sont des maîtres de la cuisine française. De plus, le savoir-faire français a été une influence majeure dans presque toutes les cuisines du monde occidental, et presque toutes les autres écoles de cuisine occidentale en utilisent les bases. La cuisine française est généralement perçue en dehors de la France à travers sa haute cuisine servie dans des restaurants aux prix élevés. Cette cuisine très raffinée a reçu, la plupart du temps, l'influence des cuisines régionales de Lyon et de celle du nord de la France. Cependant, les Français ne mangent pas ou ne préparent pas cette cuisine dans leur vie de tous les jours.

La cuisine française est renommée, notamment grâce à ses productions agricoles de qualité : nombreux vins (champagne, vins de Bordeaux ou de Bourgogne etc.) et fromages (roquefort, camembert etc.) et grâce à la *haute gastronomie* qu'elle pratique depuis le XVIIIe siècle. Néanmoins, la cuisine française est extrêmement variée, et est essentiellement constituée de spécialités régionales ayant conquis l'ensemble du territoire, comme *la choucroute alsacienne, la quiche lorraine, les rillettes tourangelles, le foie gras périgourdin, le cassoulet languedocien, la tapenade provençale* ou *les quenelles lyonnaises*. De plus, de véritables frontières culinaires se dessinent dans le pays, entre un nord utilisant le beurre et l'échalote et un sud leur préférant l'huile et l'ail et entre des régions à la cuisine terrienne (le Périgord par exemple) et d'autres à la cuisine résolument tournée vers la mer (la Provence).

Néanmoins, ces frontières ont tendance à disparaître aujourd'hui, en raison de la jonction des modes de vie et de l'essor d'une cuisine mondialisée. Le *Repas Gastronomique des Français* a été inscrit le 16 novembre 2010 à la liste représentative du patrimoine culturel immatériel de l'humanité de l'UNESCO.

(Source: http://itunes.apple.com/ch/app/cuisine francaise/)

Die französische Küche – eine elegante Art und Weise zu kochen

Die französische Küche zeichnet sich durch ihre extreme Vielfalt aus. Sie gilt als eine der raffiniertesten und elegantesten Arten des Kochens. Viele der besten Weltmeister sind Meister der französischen Küche. Darüber hinaus hat das französische Savoir-faire einen großen Einfluss auf fast alle Küchen der westlichen Welt gehabt, und fast alle anderen Schulen der westlichen Küche verwenden ihre Grundlagen.

Außerhalb Frankreichs wird die französische Küche meistens durch ihre Haute Cuisine in hochpreisigen Restaurants wahrgenommen.

Diese sehr feine Küche ist meistens stark beeinflusst von der regionalen Küche Lyons und des Nordens von Frankreich. Allerdings, in ihrem täglichen Leben kochen und essen die Franzosen nicht so.

Die französische Küche ist unter anderem bekannt durch ihre landwirtschaftlichen Qualitätsprodukte: viele Weine (Champagner, Wein von Bordeaux oder Burgund) und Käse, Roquefort und Camembert, zum Beispiel, und dank der *Haute Cuisine*, die sie seit dem 18. Jahrhundert praktiziert wird. Die französische Küche ist extrem vielfältig.

Sie besteht im Wesentlichen aus regionalen Spezialitäten, die das ganze Land erobert haben, wie zum Beispiel das *elsässische Sauerkraut*, die *Quiche Lorraine*, die *Tourangelles Rillettes*, die *Foie Gras* aus dem Périgord, das *Cassoulet du Languedoc*, die *Tapenade Provençale* oder die *Quenelles Lyonnaises*. Darüber hinaus zeichnen wahre kulinarische Grenzen das Land, zwischen dem Norden mit Butter und Schalotten und einem Süden, der Öl und Knoblauch bevorzugt, sowie auch zwischen den Regionen mit einer Eintopfküche wie der Périgord und andere, die sehr auf das Meer ausgerichtet sind wie die Provence. Allerdings verschwinden diese Grenzen heute langsam durch die Annäherung der Lebensweisen und die Entwicklung einer globalen Küche.

Die *Französische Gastronomische Mahlzeit* wurde am 16. November 2010 in die repräsentative UNESCO-Liste des immateriellen Kulturerbes der Menschheit der UNESCO aufgenommen.

(Quelle: französischer http://itunes.apple.com/ch/app/cuisine /)

Köstlichkeiten aus dem ältesten Weingebiet Frankreichs

Die Region Languedoc-Roussillon vereint gleich drei Superlative auf sich: in dieser südlichsten Provinz Frankreichs liegt das größte Weinanbaugebiet des Landes, dessen älteste Teile im Languedoc bereits von den griechischen Phöniziern angelegt wurden. Es erstreckt sich über 200 km von der Rhônemündung bis zur spanischen Grenze. Endlos scheinende Weinfelder präsentieren sich dem Auge aus der Vogelperspektive in den *Coteaux de Languedoc* zwischen Cevennen und Montpellier sowie an den Flüssen Herault und Aude. Die AOC des *Minervois* und um *St. Chinian* gehören dazu. Die edlen Reben des *Roussillon*, wie z. B. die AOC der *Corbières*, von *Fitou*, *Maury* und *Rivesaltes* schmiegen sich dagegen eher an Gebirgshänge und Katharerburgen an. Ob Austerntartar, Forelle oder Mittelmeerfisch, Wildschweinragout mit Soße aus bitterer Schokolade, Roquefort oder Pélardou mit Fladenbrot aus Kastanienmehl – für jede der regionalen Köstlichkeiten haben die Winzer des Languedoc-Roussillon auch einen einzigartig köstlichen Tropfen zu bieten: trockene würzige Weißweine, spritzige Rosés oder samtigfruchtige Rotweine. Die besten von ihnen stehen auf dem Weinmarkt gleichrangig neben Bordeaux und Burgunderwein.

Les perles du plus ancien vignoble de France

La région Languedoc-Roussillon réunit à elle seule trois superlatifs : c'est la région la plus méridionale de la France continentale ; elle abrite le plus grand vignoble du pays, vignoble dont la partie la plus ancienne avait déjà été plantée par les Phéniciens, et elle s'étend sur plus de 200 km depuis le delta du Rhône jusqu'à la frontière espagnole. Comme un champ infini, les vignobles s'étalent sous vos yeux à perte de vue depuis les hauteurs des *Coteaux de Languedoc*, entre les monts des Cévennes et Montpellier, ainsi qu'au bord des deux fleuves, l'Hérault et l'Aude. Les vins d'appellation contrôlée *Minervois* et *Saint-Chinian* en font aussi partie. Les nobles vignes des *Corbières*, de *Fitou*, de *Maury* et de *Rivesaltes* se trouvent plutôt aux flancs des montagnes sur lesquels se trouvent encore les ruines des châteaux cathares. Que vous preniez un tartare d'huîtres, des truites ou des poissons de la Méditerranée, un ragoût de sanglier à la sauce de chocolat amer, du roquefort ou du Pélardou avec du pain aux châtaignes, le viticulteur de la région aura toujours le vin adéquat. Un blanc sec et racé, un rosé frais et pimpant, ou un rouge velouté et fruité ! Les meilleurs d'entre eux s'alignent sur les marchés de vins, sans état d'âme, auprès des Bordeaux et des Bourgognes de grand renom.

Weine & Crémants aus Elsass & Languedoc

Frankreich ist unser Urlaubsland. Dort kennen wir manchen Winzer. Einige davon treffen oft genau unseren Geschmack. Deren Weine fanden immer wieder im Kofferraum den Weg nach Falkenstein. Hier wurden sie auch von unseren Freunden gerne verkostet. Warum also nicht diesen „Distributionsweg" offiziell machen? – So entstand im Frühjahr 2007 das Weinhaus Gehrig.

Erste Verkostungen bestärkten uns darin, in Beschaffung und Lagerung zu investieren. Wir wollen uns auf zwei Landschaften konzentrieren: einmal, vorzugsweise für Weißweine und Crémants, das *Departement Bas-Rhin*, hier auf die Gemeinden *Barr* und *Mittelbergheim* an der *Route du Vin*; und die Roten holen wir aus dem *Languedoc*, und zwar aus den Schieferlagen zwischen *St. Chinian*, *Faugères* und *Cabrierés*. In diesen Anbaugebieten kennen wir uns aus, dort kaufen wir schon lange bei Winzern, die außergewöhnlich feine, makellose und typische Weine schaffen. Und das zu erstaunlich vernünftigen Preisen.

Bei unseren Winzern im Elsass selektieren wir sortentypisch feine und elegante *Rieslinge*, *Silvaner* und *Gewürztraminer* mit einem harmonischen Spiel von Fruchtsüße und –säure. Unsere erlesenen *Crémants d´Alsace*, weiß und rosé, zeichnen sich durch eine frische, feinperlige Fruchtigkeit aus.

Von den Schieferlagen des Languedoc beziehen wir *Cuvée*s aus den klassischen Trauben *Grenache*, *Syrah*, *Mourvèdre*, *Cinsault* und *Carignan*. Sie garantieren einen konzentrierten, festen und tiefgründigen Rotwein, wie er nördlich der Alpen nicht gekeltert werden kann. Wir legen Wert auf eine dezidierte beerige Fülle mit ausgewogener Säure und zurückhaltenden Tanninen.

Kontakt:
Weinhaus Gehrig
Am Dingesberg 4, 61462 Königstein
Fon: +49 (0) 6174 203 92 64
Email: info@weinhaus-gehrig.de
Web: **weinhaus-gehrig.de**

Saline du Roy, Aigues Mortes / Camargue

Eine Dose Meersalz der Marke *Le Saunier de Camargue Fleur de Sel.* – Une canette de *Le Saunier de Camargue – fleur de sel de mer.*

RESTAURANT
Fleur de Sel

Patrick und Horst Theumer
Florscheidstraße 19 · 63477 Maintal
Tel.: 06181 9683385
www.Restaurant-FleurdeSel.de

Südfrankreich in Maintal

Erleben Sie Südfrankreich in Maintal und lassen Sie sich verwöhnen in mediterranem Ambiente. Lassen Sie sich überraschen, von einem Intérieur provencale, das im Rhein-Maingebiet einzigartig ist.

Geniessen Sie die französisch mediterrane Küche bei einem guten Glas Bordeaux. Wir bieten Ihnen marktfrische Produkte aus Frankreich und der Region, zubereitet in offener Showküche, die es zulässt dem Küchenchef Patrick Theumer und seiner Crew bei der Arbeit für Sie zu zuschauen.

Ein Fest der Sinne

Öffnungszeiten:
Täglich außer Dienstags: 18:00 - 24:00 Uhr und Mittags von Freitag bis Sonntag: 12:00 - 15:00 Uhr
(Küche: 12:00 - 14:00 Uhr und 18:00 - 22:00 Uhr), Dienstag: Ruhetag

Restaurant *Fleur de Sel*

Envie de Provence et Côte d'Azur? Un échantillon se trouve juste à côté de Francfort, à Maintal. Au restaurant « Fleur de sel ». Le nom a une signification bien particulière, en effet, on appelle fleur de sel la fine couche de cristaux affleurant à la surface des marais salants durant les journées chaudes et prélevée à l'aide d'une « lousse » (sorte de raclette). De par la finesse de ses cristaux, il est le plus précieux de tous les sels de mer et est très utilisé dans la gastronomie. Il est cultivé en France surtous dans la Camargue et la Guérande. N'ayant subi aucun traitement, on retrouve ce produit naturel sur les tables du restaurant « Fleur de sel » de Maintal Dörnigheim.

Le but de la famille Theumer était d'apporter quelques saveurs provençales et un certain « savoir vivre » français près du Main. Le goût assuré pour la culture française vient d'une part de Patrice Theumer, mère du chef cuisinier Patrick Theumer, qui est française. Celui-ci a appris la cuisine à l'Arabella Grand Hotel Frankfurt (5 étoiles). Christine Theumer, sa sœur a d'autre part tenu, avec son compagnon, un restaurant gastronomique dans un village en haut des montagnes, à Gourdon au nord d'Antibes. Horst Theumer, le père de la famille, apporte quant à lui, son expérience de gérant au sein de l'entreprise.

Le service chaleureux du restaurant est renforcé par les précieux conseils de Christine Theumer sur les vins. La cuisine ouverte permet d'observer l'équipe pendant l'élaboration des plats méditerranéens. Durant l'été, les recettes légères dominent la carte, on peut citer des exemples tels : le médaillon d'espadon et son espuma de crustacés. En hiver, les aliments adaptés à la saison vous sont proposés tels: le dos de cerf et sa purée de châtaigne ou bien la bouillabaisse.
Tout au long de l'année, vous bénéficiez de la fraîcheur de produits locaux comme méditerranéens et d'un bon accueil à la française.

En outre, l'architecture intérieure du restaurant avec ses arcades en pierre et ses peintures du village provençal de Gourdon ainsi que les chansons françaises vous transporte momentanément dans une atmosphère sudiste, typique et délicate, sans oublier la terrasse d'été agréable, dominée par le vigneron.

Au restaurant « *Fleur de Sel*, chaque visite est une véritable « fête des sens » !

Restaurant Fleur de Sel
Florscheidstrasse 19, 63477 Maintal
Fon.: +49 (0)6181 96 83 385
Fax: +49 (0)6181 43 45 763
Email: info@restaurant-fleurdesel.de
Web: www.restaurant-fleurdesel.de

Öffnungszeiten/ Ouvert:
Täglich außer Dienstags: 18:00 - 24:00 Uhr
und Mittags von Freitag bis Sonntag: 12:00 - 15:00 Uhr
(Küche: 12:00 - 14:00 Uhr und 18:00 - 22:00 Uhr)
Dienstag: Ruhetag

Restaurant *Fleur de Sel*

Sehnsucht nach Provence und Côte d'Azur? Ein Stückchen Südfrankreich befindet sich ganz in der Nähe von Frankfurt am Main, in Maintal! Im Restaurant *Fleur de Sel*. Der Name hat authentischen Hintergrund. Die *Salzblume* entsteht an heißen und windstillen Tagen als hauchdünne Schicht an der Meerwasseroberfläche und wird in Handarbeit mit einer Holzschaufel in Salzbecken abgeschöpft. Wegen seiner feinen Kristalle wird die *Fleur de Sel* als das kostbarste Produkt der Meersalzgewinnung bewertet und deshalb gerne in der gehobenen Küche verwendet. Die provenzalische Camargue gilt – neben der Guérande – als ein Produzent dieses feinen Salzes. Es kommt immer unbehandelt in den Lebensmittelhandel – und so original steht es auf den Tischen des Restaurant *Fleur de Sel* in Maintal-Dörnigheim.

Etwas vom Flair der Provence und vom französischen Savoir Vivre an den Main zu holen, war das Bestreben der Familie Theumer bei der Konzeption ihres Restaurants. Für die Authentizität des französischen Goût spricht nicht nur die Herkunft von Patrice, der Mutter des Küchenchefs Patrick Theumer, der seine Kochkunst im 5-Sterne Arabella Grand Hotel Frankfurt erlernte. Auch seine Schwester Christine und ihr Partner führten jahrelang ein Gourmetrestaurant in dem Bergdorf Gourdon, nördlich von Antibes. Vater Horst Theumer bringt seine kaufmännischen Kenntnisse als Geschäftsführer in den Betrieb ein. Den charmanten Service mit der kenntnisreichen Weinberatung offeriert seine Tochter Christine.

Die Küche im Restaurant *Fleur de Sel* ist zum Gastraum hin offen, die Gäste können also dem Küchenteam bei der Entstehung der mediterran akzentuierten Gerichte zusehen. Im Sommer dominieren leichte Speisen wie Medaillons vom Schwertfisch mit Krustentier-Espuma auf geschmorten Schalotten mit Safrankartoffeln. Bouillabaisse und rosa gebratener Rehrücken stehen eher in der kühlen Jahreszeit auf der Speisekarte. Das ganze Jahr über erwartet den Gast frische, gesunde südländische Küche, angereichert mit regionalen Qualitätsprodukten und französischer Gast- und Tafelkultur.

Auch die Innenarchitektur mit den angedeuteten Steingewölben, den beiden Wandbildern des provenzalischen Dorfes Gourdon und Chansonmusik – alles vermittelt mediterranes Lebensgefühl, nicht zu vergessen die schöne Sommerterrasse mit viel Grün.

Im Restaurant *Fleur de Sel* ist jeder Aufenthalt ein Fest der Sinne.

Herzlich Willkommen in der Maaschanz

Seit mehr als einem Vierteljahrhundert steht das traditionsreiche Restaurant Maaschanz für kulinarische Hochgenüsse und französische Lebensart: Ein Place to be für alle Freunde des Savoir Vivre.

Jeden Monat führt das Maaschanz-Team seine Gäste auf eine kulinarische Reise durch die französische Regionalküche – mit Premiumblick auf den Main und die Frankfurter Skyline.

Ohne die Regionalküchen Frankreichs gäbe es keine Haute Cuisine. Schon der berühmte Brillat-Savarin meinte, die Regionalküchen Frankreichs seien „der Teppich, auf dem die Haute Cuisine einherschreitet". Im Gegensatz zur Haute Cuisine sind die Gerichte der Regionalküchen nur in ihren angestammten Regionen, manchmal sogar nur in bestimmten Städten oder Dörfern zu finden. Bruno Lauffenburger, Inhaber der Maaschanz, bringt seinen Gästen ein Stück französische Lebensart nach Hessen, und zwar nach dem altbewährten Konzept: kreative Ideen, frische und hochwertige Zutaten, dazu – ganz nach Art des Hauses – ausgewählte Weine, lebensfrohe Veranstaltungen in gewohnt gemütlicher Atmosphäre. Und sobald das Wetter es erlaubt, servieren wir auf der Terrasse. Samstags begleitet stilvolle Pianomusik die Gäste und jeden dritten Sonntag findet – in der Garage – ein Kinoabend mit einem französischen Filmklassiker statt. Herzlich willkommen in der Maaschanz!

Bienvenue chez Maaschanz

Depuis plus d'un quart de siècle, le restaurant traditionnel Maaschanz est synonyme de délices culinaires et de mode de vie à la française : incontournable pour tous les amis du savoir-vivre.

Chaque mois, l'équipe de Maaschanz emporte ses invités dans un voyage culinaire à travers la cuisine régionale française avec le skyline et le Main en toile de fond.

Sans les cuisines régionales de France, il n'y aurait pas de haute cuisine. Brillat-Savarin disait que les cuisines régionales étaient « le tapis sur lequel avance la haute cuisine ». Contrairement à la haute cuisine, les plats régionaux ne se rencontrent parfois que dans leur région traditionnelle, parfois seulement dans certaines villes ou villages. Bruno Lauffenburger, le propriétaire de Maaschanz, apporte à ses clients un morceau de la vie à la française en Hesse, d'après la règle éprouvée: idées créatives, ingrédients frais et haute qualité, avec, comme il convient, une sélection de vins, des événements animés et une atmosphère agréable. Et dès que le temps le permet, nous servons en terrasse. Le samedi soir, un piano accompagne les invités et chaque troisième dimanche du mois, dans le garage, une soirée cinéma propose des classiques du cinéma français. Bienvenue chez Maaschanz !

Wir (ent-)führen Sie auf eine kulinarische Reise durch die französische Regionalküche.

⟡

Kreative Ideen, frische und hochwertige Zutaten, ausgewählte Weine und charmante Events mit Blick auf den Main und die Frankfurter Skyline!

⟡

Kräuter der Provence
Les herbes de la Provence

Estragon, der Aristokrat unter den Kräutern; *Minze*, das frischeste Kraut; *Basilikum*, der König des Sommers; *Kerbel*, leicht wie Spitze; Schnittlauch, fein und duftend, *Oregano*, Jacke wie Hose ; *Salbei*, scharf und anregend, *Thymian*, *Petersilie* und *Rosmarin*. *Estragon* wurde von den Arabern nach Spanien gebracht, für die Praxis von deren Ärzten. In der Küche ist er eine elegante Alternative zum Knoblauch: einer der denkbar delikatesten Geschmäcker und Düfte.

L'estragon, l'aristocrate des fines herbes ; *la menthe*, l'herbe la plus fraîche; *le basilic*, le roi de l'été ; *le cerfeuil* , léger comme une dentelle; *la ciboulette*, fine et parfumée ; *l'origan*, blanc bonnet et bonnet blanc ; *la sariette*, piovrée et guillerette ; *le thym*, *le persil* et *le romarin*. Ce sont les Arabes qui apportèrent l'estragon en Espagne pour l'usage de leur médecins. En cuisine, ceux qui n'apprécient pas le goût de l'ail l'utilisent pour communiquer au gigot une odeur et une saveur des plus délicates.

Frische Kräuter aus der Provence täglich in der Frankfurter Kleinmarkthalle, Hasengasse 7.
Fines herbes fraîches de la Provence tous les jours dans la Frankfurter Kleinmarkthalle, Hasengasse 7.

Öffnungszeiten/Heures d'ouverture:
Mo/Lu-Fr/Ve 08:00 - 18:00 Uhr/h
Sa/Sa 08:00 - 16:00 Uhr/h

Coq au Vin

Restaurant & Bistro français

Sie lieben die Atmosphäre eines kleinen gepflegten französischen Restaurants nach einem arbeitsreichen Tag? Im Coq au Vin in der Wallstrasse finden Sie sie: Leise Chansonmusik … Sie kommen nur kurz auf einen Café? Nehmen Sie in der gemütlichen Ecke auf der hohen Bank in der Ecke an der original französischen Theke Platz. Sie möchten ein französisches Menu genießen?

Vom langjährigen Küchenchef Michel Devauchelle übernommen verwöhnt Sie nunmehr Eric Lafon mit Terrines Maison, hausgemachten Pasteten, Foie Gras, Jacobsmuscheln, Austern, und natürlich Coq au Vin. Und als Dessert Mousse au Chocolat oder Profiteroles? Die Auswahl des passenden Weins fällt schwer: Über 100 Sorten aus allen Regionen Frankreichs bietet Ihnen der frankophile Inhaber Klaus Borsch, sogar ältere Jahrgänge Grand Cru aus Bordeaux.

Es wird bestimmt ein genussreicher Abend!

Wallstrasse 19
60594 Frankfurt am Main
Fon: +49 (0)69 96 20 03 38
Email: email@coq-au-vin.de
Web: www.coq-au-vin.de
Geöffnet/Ouvert: ab/dès 17 h.

Vins & Spiritueux

FRANCE

Vins & Spiritueux

AGirard Sélection GmbH

Wein und Spirituosen aus Frankreich

Jacques-Reiss-Straße 1 - 61476 Kronberg/Ts.
Lager- und Büroeingang: Minnholzweg
Tel: +49 6173 99 609 11
E-mail: info@agirard.com - **www.agirard.com**

Entre la poire et le fromage ...

… on dit en France que c'est le moment idéal pour parler affaires. Avant, le Français s'entretiendra avec son hôte de tout et de rien : les vins, sa région d'origine, les bons vignobles, les voyages, les manifestations culturelles, etc. Un bon Français très attentif à ce qu'il mange et comment il le mange, il parlera certainement aussi du repas. Pour les Français, manger n'est pas un acte anodin, c'est un véritable événement social. Au préalable, il est essentiel de converser agréablement pour se découvrir « des atomes crochus » et établir progressivement une confiance mutuelle. Pendant ce temps, votre hôte allemand est probablement « sur des charbons ardents ». Peut-être se passera-t-il d'entrée et de dessert parce qu'il voit l'heure tourner, qu'il a son emploi du temps en tête et qu'il voudrait enfin entrer dans le vif du sujet.

Lorsque vous invitez votre partenaire allemand au restaurant, pensez à trinquer avec lui en levant votre verre et en prononçant une phrase aimable. C'est l'usage en Allemagne. Sinon, vous risquez de plonger votre vis-à-vis dans l'embarras et il n'osera peut-être pas entamer son verre. De même, votre hôte s'étonnera sans doute si vous commencez à manger sans un mot. Beaucoup d'Allemands ont l'habitude de souhaiter « Guten Appetit » à leur invité avant d'attaquer leur repas. Par contre, cela ne se fait pas lors de manifestations officielles de plus grande envergure.

Sachez qu'en Allemagne l'étiquette permet de soulever un côté de son assiette pour finir sa soupe et d'utiliser ses doigts pour manger les os d'une volaille. Pour sa part, votre hôte allemand pensera peut-être que les radis artistiquement préparés et disposés sur l'assiette servent de décoration et ne sont pas fait pour être mangés. S'il apprécie le fromage, il peut arriver qu'il ne connaîsse pas nécessairement l'art français de le déguster. Mais dans tous les cas, votre partenaire allemand sera certainement très ouvert à votre culture culinaire. Et si, de votre côté, vous savez le comprendre et respecter ses habitudes, vous gagnerez à coup sûr sa sympathie !

Zwischen der Birne und dem Käse ...

... sagt man in Frankreich, ist der geeignete Moment, das Hauptthema des Treffens beim Essen zu berühren. Bis dahin wird Ihr französischer Gastgeber sicherlich mit Ihnen über den Wein sprechen, den Sie gewählt haben, über die Region, aus der er kommt, über die Weingüter, die er kennt, über Reisen, kulturelle Erlebnisse und vieles andere. Essen hat in Frankreich viel mehr als in Deutschland vor allem eine soziale Funktion. Sie als deutscher Geschäftspartner erleben die Situation möglicherweise ganz anders. Zu Hause erwartet man von Ihnen, im Gespräch schnell zur Sache zu kommen, denn Umwege würden Misstrauen erzeugen. In Deutschland baut man Vertrauen in der Regel mehr durch Taten auf, durch zuverlässige Zusammenarbeit. So sitzen Sie bei der Unterhaltung mit Ihrem französischen Gastgeber möglicherweise „auf Kohlen", verzichten auf Vorspeise und Dessert, weil Sie Ihren Terminplan im Kopf haben und keine Zeit verlieren wollen – und das ist Ihre gewohnte beste Absicht. In Frankreich könnte dieses Verhalten allerdings missverstanden werden.

Wenn Sie in Frankfurt einen französischen Geschäftspartner oder Freund in eines der zahlreichen französischen Restaurants mit sehr verschiedenem Angebot einladen, vielleicht um Ihre Sympathie für das Nachbarland zu bekunden, könnten Sie vielleicht erleben, dass Ihr Gast den Wein ganz nebenbei im Gespräch antrinkt, während Sie noch über geeignete Worte nachdenken, mit denen Sie das gemeinsame Mahl eröffnen und mit ihm anstoßen wollten. Möglicherweise wundert sich Ihr Gast noch einmal, wenn der erste Gang serviert wird und Sie – aus Ihrer Sicht höflichfreundlich – Ihrem Gegenüber »Guten Appetit!« wünschen. Er empfindet es evtl. als zu familiär.

Manche Essgewohnheiten, die in Deutschland normal und ganz im Rahmen der Etikette sind, werden in Frankreich mit Argwohn gesehen, zum Beispiel das Ankippen des Tellers beim Verzehr der Vorsuppe und die Benutzung der Finger beim Essen von Geflügel mit Knochen. Auch wird sich Ihr französischer Gast vielleicht über Sie wundern, wenn Sie die vom französischen Koch kunstvoll angerichteten Radieschen mit Stil als reine Dekoration betrachten und als Speise verachten, während er die aufgeschnittene Spitze der Erdfrucht mit Butter und Salz ergänzt und genießt. Beim Käse wird Ihr Gast es als befremdlich empfinden, sollten Sie ihn mit Messer und Gabel essen. Vielleicht kennen Sie jedoch die Finessen des Umgangs mit französischen Speisen schon. Ihr Gast wird Sie dafür sicherlich sehr sympathisch finden.

Was ist eine Brasserie?

Brasserie ist das französische Wort für *Brauerei*. Es wird ebenso für Anlagen industrieller Bierherstellung gebraucht wie für kleine lokale Hersteller, dann nennt man sie auch *microbrasserie* (Kleinbrauerei). Dieser Begriff, *Brasserie*, kann in Frankreich auch den Namen des Ortes bezeichnen, wo Bier konsumiert wird. In diesem Sinn des Wortes ist eine Brasserie in Frankreich ein wenig formelles Restaurant, eine Gaststätte, mit bestimmten Öffnungszeiten: 11:30 – 14:30 und 18:30 – 22:30 Uhr.

In der Praxis hängt die Bezeichnung einer Gaststätte mit *Brasserie* von sehr subjektiven Kriterien ab: von der Dekoration, der Atmosphäre und dem Speiseangebot, das in der Regel sehr traditionell ist.

Qu'est-ce qu'une brasserie ?

Le terme de *brasserie* peut s'appliquer à un site industriel où la bière est fabriquée en grande quantité, tout autant qu'à un petit producteur local, parfois nommé *microbrasserie*. Ce terme peut désigner aussi le nom du lieu de consommation de la bière. Dans ce dernier sens, en France, le mot *brasserie* désigne un restaurant peu formel avec notamment des heures de service fixes : 11h30– 4h30 et 18h30–22h30.

La désignation ou non d'un restaurant en tant que *brasserie* obéira en fait dans la pratique à des critères relativement subjectifs, tels que sa décoration, son ambiance et la carte propose, généralement assez traditionnelle.

Das Restaurant *Altes Brauhaus* in Oberursel ist eine echte Brasserie im französischen Sinn des Wortes. – Le Restaurant *Altes Brauhaus (Vieille Brasserie)* à Oberursel (près de Francfort) est une vrai brasserie dans le sens français du mot.

Brasserie am Opernplatz in Frankfurt am Main
Brasserie sur la Place de l'Opéra à Francfort-sur-le-Main

Brasserie du Sud in der Oppenheimer Landstraße 31 in Frankfurt-Sachsenhausen
Brasserie du Sud dans la Oppenheimer Landstrasse 31 à Francfort-Sachsenhausen

Das Bistro

Die *Bistros* in Paris, das waren ursprünglich Orte, wo die Fiaker-Kutscher, später die Taxifahrer verweilten, um sich ein bisschen auszuruhen und eine kleine einfache Mahlzeit einzunehmen, ein Ort wo man auf Papier-tischdecken aß. Man nimmt an, dass der Name auf *büstro*, russisch *schnell*, zurückgeht und das sprachliche Souvenir von einem Besuch des russischen Zaren Alexander I. in Paris ist. Die französische Sprache kennt das Wort seit 1884. Oft nannten sich die Bistros gleichzeitig auch Café und Brasserie. Während in der Küche das bestellte Essen brutzelte, stand man mit einem Glas Wein am Tresen, oder saß eng zusammen auf hohen Hockern um die kleine Bar herum, um Neuigkeiten auszu-tauschen. Die Bistros waren Orte der Entspannung, der menschlichen Wärme und Gastfreundlichkeit, eine Erweiterung des Milieus der Arbeit und der eigenen Wohnung.

Auf dem linken Seine-Ufer, in Montparnasse, waren die Bistros das Reich der Künstler und Studenten, auch der unglücklichen Poeten und Absinthtrinker. Insbesondere während der 20er Jahre des vergangenen Jahrhunderts, der „années folles" entfalteten die montparnos hier ihre ganze Kreativität. Der Bistro-Stil ist entspanntes Leben, die Art zu leben wie bei sich zu Hause.

Le Bistro(t)

Les bistros (ou bistrots), à Paris, étaient des endroits où se retrouvaient les cochers de fiacres et plus tard, les chauffeurs de taxis, soit pour une petite pause, soit pour un verre de vin et un simple déjeuner, un endroit où l'on mangeait sur des nappes de papier. Le nom de bistro vient probablement du russe *bystro* qui signifie *vite*, un souvenir linguistique de la visite du Tsar Alexandre Ier à Paris. La langue française connaît ce mot depuis 1884. Souvent, les bistros se nommaient également café et brasserie. Pendant que mijotait le repas dans la cuisine, on prenait un petit verre en échangeant les dernières nouvelles, debout devant le zinc ou assis sur des tabourets autour du petit bar. Les bistros étaient des endroits de détente, de chaleur et de convivialité, un prolongement du lieu de travail et de la maison.

Sur la rive gauche, à Montparnasse, les bistros étaient le royaume des artistes et des étudiants, de même que celui des poètes malheureux et des buveurs d'absinthe : c'était donc des espaces de rencontre et d'échange ou les montparnos des « années folles » donnaient libre cours à leur créativité. Le style bistro, c'est un art de détente, l'art de vivre comme chez soi.

Weinbistrot – Lobster – Restaurant

Das LOBSTER ist ein Restaurant mit 33 Jahren Geschichte: Zuerst Milchgeschäft, dann Weinprobierladen, in den die Kunden ihr eigenes Mittagessen mitbrachten. Daraus entstand die Idee, diesen Ort in ein Restaurant umzuwandeln.

Hier sitzen die Gäste an langen Holztischen nebeneinander – Geschäftsleute, Mediziner, Künstler, Journalisten, Schauspieler, Sachsenhäuser Bürger und viele andere. Hier wird über »Tod und Teufel« diskutiert, hier begegnet man sich wirklich. Die Atmosphäre ist so herrlich relaxed: Möbelstücke, jedes mit eigener Geschichte, Flaschenregale an den vergilbten Wänden, darunter Türme von Weinkartons. Wo noch Platz ist, Bilder, die teils von der Geschichte des Restaurants erzählen, teils Montmartre Flair einbringen, Picasso- und Miró-Plakate.

Es lädt ein mit seinem Team: Thomas Valk, Quereinsteiger in der Gastronomie mit Herz und Seele. Der marokkanische Chefkoch mit Frankreicherfahrung ist ihm seit über 15 Jahren treu.

Le LOBSTER a 33 ans d'histoire. C'était à l'origine une laiterie qui est par la suite devenue un comptoir de dégustation de vin où les clients pouvaient apporter leur propre déjeuner.

Ainsi mûrit l'idée d'en faire un restaurant. La clientele composée d'hommes d'affaires, de médecins, d' artistes, de journalistes, de comédiens, d' habitants du quartier s'y côtoient autour de longues tables de bois. On y parle « de tout et de rien » dans une atmosphère décontractée, au milieu de meubles chargés d'histoire et de piles de cartons de vin adossés aux murs jaunis. L'espace restant est occupé par des photos témoignant de l'histoire du restaurant ou évoquant Picasso et Miró.

Thomas Valk, gérant de l´établissement, est un amoureux de la gastronomie. Son chef de cuisine marocain, adepte de cuisine française le seconde depuis plus de 15 ans.

Wallstrasse 21, 60594 Frankfurt-Sachsenhausen
Fon: +49 (0)69 61 29 20; Fax: +49 (0)69 62 86 48
Metro: U1,U2, U3, HH Schweizer Platz
Geöffnet/Ouvert: Mo/Lu – Sa/Sa 18:00-01:00 Uhr
www.lobster-weinbistrot.de

Joel Auriault – Le Vigneron Français

Der Name ist Programm, denn Monsieur Joel Auriault führt ausschließlich französische Weine. Vorzugsweise kauft man hier gute Weine aus allen französischen Anbaugebieten, besonders groß ist das Angebot von Weinen aus dem Elsass. Freundliche, kompetente Beratung. Verkostungen.

Als Franzose verkaufe ich was ich kenne: französische Produkte Comme Français je vends ce que je connais : des produits français.

Mein reichhaltiges Angebot beruht auf einer langfristigen und soliden Zusammenarbeit mit meinen Lieferanten. Diese Kontinuität hat bewirkt, dass ich auch bei besonderen Aktionen meiner Winzer immer berücksichtigt und dadurch auch mit dem einen oder anderen „ganz besonderen" Tropfen bedacht werde. Sollten Sie ein bestimmtes Produkt in meinem Angebot nicht vorfinden: Ich tue mein Bestes, um Ihre Wünsche zu erfüllen!

Ihr *Joel Auriault*

Le Vigneron Francais
Hanauer Straße 12, 61169 Friedberg/ Hessen
Inhaber: Joel Auriault
Fon: +49 (0)6031 12 888
Fax: +49 (0)6031 62 282
Email: vigneron@t-online.de
Web: ww.vigneron-francais.de

Flamm's

Das Flammkuchenhaus in Bad Homburg

Ursprünglich war der Flammkuchen im Elsaß ein Bauernessen. Nach dem Brotbacken verwertete die Bäuerin den Rest des Teiges auf diese Weise. Er wurde ausgerollt, mit Rahm bestrichen und mit Speck belegt. Die lodernden Flammen des Holzofens gaben dem Flammkuchen die goldbraune Farbe. Inzwischen wurde der Flammkuchen (Tarte Flambée) von bekannten elsässischen Köchen verfeinert.

Seit 1993 bewirten wir unsere Gäste mit Elsässer Flammkuchen in zahlreichen Variationen und mit weiteren Spezialitäten der französischen Küche. Nicht nur, dass wir alle unsere Speisen selbst herstellen, sondern auch unser Einkauf im Elsaß, garantiert eine authentische Zubereitung. Entfliehen Sie dem Alltag und genießen

Sie das französische "savoir-vivre" unseres Flammkuchenhauses in französischer Bistro-Atmosphäre, umgeben von alter, französischer Reklame.
Außerdem bietet Flamm's einen besonderen Catering-Sevice an: wir kommen mit dem Backofen zum Kunden! Wo immer er ihn haben will.

Französische Crêpes
am François-Mitterand-Platz

Die Geschichte der Crêpes, dieser hauchdünnen Pfannkuchen wie wir sie heute in Deutschland kennen, beginnt in der Bretagne. Sie wurden aus Buchweizenmehl hergestellt, nachdem diese Pflanze im 12. Jahrhundert durch die Kreuzritter nach Frankreich gebracht worden war. Bei den bretonischen Bauern wurde der Buchweizen schnell zu einer beliebten Feldfrucht, denn er gedeiht dort gut auf den kargen Böden und reift innerhalb von nur vier Monaten. Die Herstellung von Crêpes – als Brotersatz – aus dem klebfreien Buchweizenmehl, Wasser und Salz fiel nach der damaligen Gesetzgebung nicht unter die Steuer- und Abgabepflicht wie das Brotbacken. Das mag der Hauptgrund für die schnelle Einbürgerung der aus Asien stammenden Pflanze in Frankreich gewesen sein. Die Crêpes wurden auf einem heißen Stein – *jalet* genannt – gebacken, daher auch der Name *Galette*. Die *Galette* wurde ursprünglich nur von einer Seite gebacken und mit allerlei herzhaften Zutaten belegt. Als Crêpe wurde der dünne Buchweizenpfannkuchen von beiden Seiten gebacken und dann belegt. Die süßen Crêpes hingegen werden erst seit etwa 100 Jahren aus Weizenmehl oder Vollkornmehl zubereitet.
(Nach http://www.tinas-creperie.de)

Des crêpes français
à la Place François Mtterand

L'histoire de crêpes, cette ultra-minces crêpes que nous connaissons aujourd'hui en Allemagne, commence en Bretagne. Ils ont été fabriqués à partir de farine de sarrasin après cette plante avait été apporté dans le 12ème siècle par les croisés en France. Rapidement le sarrasin est devenu une culture populaire car il se développait bien sur les sols pauvres en Bretagne et mûrit en seulement quatre mois. La production de crêpes comme un substitut pour le pain – de la farine de sarrasin non collant, l'eau et le sel – d'après l'ancienne législation ne tombait pas dans l'obligation d'impôt que la cuisson du pain. C'est peut-être la raison principale pour la naturalisation rapide du sarrasin, plante en provenance d'Asie, en France. Les crêpes ont été cuits sur une pierre chaude, appelé jalet, d'où aussi le nom galette. Les galettes, d'origine ont été cuits seulement d'un côté et garni e toutes une gamme d'ingrédients salés. Les crêpes sucrées, cependant, sont préparés avec de la farine de blé ou de la farine de blé entier, seulement depuis á peu près les cent dernières années. *(D'après http://www.tinas-creperie.de)*

Creperie VOILÁ, Mainzer Landstr.33, 60329 Frankfurt am Main

Le Belge

Der kleine Belgier

Belgische & deutsche Bier- und Speisespezialitäten
Bières et plats typiques de la Belgique et de l'Allemagne

Öffnungszeiten /Horaires:
Mo/Lu – So/Di 18:00 -01:00 Uhr/h
Küche/Cuisine jusque 23:00 Uhr/h

Nordendstraße 53, 60318 Frankfurt am Main
Fon: +49 (0)69 50 92 72 82

Bleichstraße 49, 63065 Offenbach,
Fon: +49 (0)69 50 92 72 82 ,

Email: info@lebelge.de
http://www.lebelge.de

L'authentique bistrot-boulangerie française

Envie de retrouver la France ? Bienvenue chez Baguette Jeanette !

- une cuisine de bistrot française
- des baguettes de tradition française et des croissants pur beurre
- une pâtisserie artisanale d'exception avec entremets et macarons
- le meilleur « p'tit déj. » de Francfort* (toute la journée)
- un brunch parisien généreux tous les samedis, dimanches et jours fériés (de 9 h 00 à 14 h 00)

* Baguette Jeanette a été élue en 2013 et 2014 comme « meilleur p'tit déj. de Francfort » par « Frankfurt geht aus ».

* Baguette Jeanette wurde von „Frankfurt geht aus" 2013 und 2014 für das „Beste Frühstück Frankfurts" ausgezeichnet.

Die original französische Bistro-Bäckerei

Lust auf einen „Kurzurlaub" in Frankreich? Willkommen bei Baguette Jeanette!

- typisch französische Bistro-Küche
- authentische Baguettes und Croissants
- handwerkliche Konditorei
- leckere Macarons
- das beste Frühstück Frankfurts* (den ganzen Tag über)
- ein Pariser Brunch samstags, sonntags und an Feiertagen (von 9.00 bis 14.00 Uhr)

Baguette Jeanette

Berger Straße 187 · 60385 Frankfurt / Main
Telefon / Téléphone 0 69 95 63 67 02
bjfrankfurt@gmail.com · www.baguette-jeanette.de

Accor Hotels

Die französische Hotelgruppe *Accor*, weltweit der führende Hotelbetreiber und europäischer Marktführer, ist in 90 Ländern mit 4.200 Hotels und über 500.000 Zimmern präsent. Von der Luxus- bis zur Budgetklasse bietet *Accor* ein umfassendes Portfolio von Hotels unter den Marken *Sofitel*, *Pullman*, *MGallery*, *Novotel*, *Suite Novotel*, *Mercure*, *Adagio*, *ibis*, *all seasons*, *Etap Hotel*, *Formule 1*, *hotelF1* und *Motel 6*. Mit 145.000 Mitarbeitern weltweit bietet die Gruppe ihren Kunden und Geschäftspartnern fast 45 Jahre an Know-how und Expertise. 1967 wurde das erste Novotel in Frankreich eröffnet – die Wiege des Accor Konzerns.

Die zwei Wildgänse über dem *Accor*-Schriftzug symbolisieren Reiselust und Teamgeist. Das Bild der Zugvögel dokumentiert auch die grundlegenden Accor-Unternehmenswerte: Vertrauen, Verantwortung, Professionalität, Transparenz und Innovation. Der *Esprit-Accor* ist die Kunst, Professionalität mit Tradition und Innovation, Großzügigkeit, Kreativität und Menschlichkeit zu verbinden, um Exzellenz zu erreichen.

Les hôtels *Accor*

La chaîne hôtelière française *Accor*, premier opérateur d'hôtels au monde et leader du marché européen, est implantée dans 90 pays avec 4 200 hôtels et 500 000 chambres. De la catégorie luxe à la classe économique, *Accor* offre un portefeuille complet d'hôtels sous les marques *Sofitel*, *Pullman*, *MGallery*, *Novotel*, *Suite Novotel*, *Mercure*, *Adagio*, *ibis*, *all seasons*, *Etap Hotel*, *Formule 1*, *hotelF1* et *Motel 6*. Avec 145 000 employés dans le monde entier, le groupe offre à ses clients et partenaires commerciaux près de 45 ans de connaissances et d'expertise. C'est en 1967 que fut ouvert le premier Novotel de France, berceau du groupe Accor.

Les deux oies sauvages au-dessus de l'inscription *Accor* symbolisent l'envie de voyage et l'esprit d'équipe. L'image des oiseaux migrateurs manifeste aussi les valeurs fondamentales de l'entreprise : confiance, responsabilité, professionnalisme, transparence et innovation. L'*Esprit Accor*, c'est l'art de combiner le professionnalisme avec la tradition, l'innovation, la générosité, la créativité et l'humanité pour atteindre l'excellence.

www.accor.com
www.accorhotels.com
www.accorvacances.com
www.accorservices.com

Hôtels Accor à Francfort-sur-le Main

Flughafenhotel – Hôtels Airport

Mercure Hotel Frankfurt Airport
Am Weiher 20 Frankfurt-Kelsterbach, 65451 Kelsterbach
Fon: +49 (0)6107 7680
Fax: +49 (0)6107 8060
Email: H0719@accor.com

Mercure Hotel Wings Frankfurt Airport
Anton-Flettner-Strasse 8, 65479 Raunheim
Fon: +49 (0)6142 790
Fax: +49 (0)6142 791791
Email: H2204@accor.com

Mercure Hotel Frankfurt Airport Dreieich
Eisenbahnstrasse 200, 63303 Dreieich
Fon: +49 (0)6103 6060
Fax: +49 (0)6103 63019
Email: h5378@accor.com

Mercure Hotel Ruesselsheim Frankfurt Airport
Eisenstrasse 6-8, 65428 Ruesselsheim
Fon: +49 (0)6142 8940
Fax: +49 (0)6142 894450
Email: H7833@accor.com

Hotel ibis Frankfurt Airport
Langer Kornweg 9a-11, 65451 Kelsterbach
Fon: +49 (0)6107 9870
Fax +49 (0)6107 987444
Email: H2203@accor.com

Mercure Hotel Frankfurt Airport Neu-Isenburg
Frankfurter Strasse 190
63263 Frankfurt-Neu-Isenburg
Fon: +49 (0)6102 59940
Fax: +49 (0)6102 5994100
Email: h5381@accor.com

Accor Hotels in Frankfurt am Main

Accor City Hotels – Hôtels Accor au centre-ville

Hotel Savigny Frankfurt City
– MGallery Collection
Premium-Hotel
Savignystrasse 14-16
60325 Frankfurt am Main
Fon: +49 (0)69-75330
Fax: +49 (0) 69-7533175
Email: h1305@accor.com

Hotel Novotel Frankfurt City
Lise-Meitner-Strasse 2
60486 Frankfurt am Main
Fon: +49 (0)69 793030
Fax: +49(0) 69 79303930
Email: H1049@accor.com

Mercure Hotel & Residenz Frankfurt Messe
Voltastrasse. 29, 60486 Frankfurt am Main
Fon: +49 (0)69 79260
Fax: +49 (0)69 79261606
Email: h1204@accor.com

Mercure Hotel Kaiserhof Frankfurt City Center
Kaiserstrasse 62, 60329 Frankfurt am Main
Fon: +49 (0)69 2561790
Fax: +49 (0)69 25617919
Email: H8115@accor.com

Hotel ibis Frankfurt City Messe
Leonardo-da-Vinci-Allee 40, 60486 Frankfurt am Main
Fon: +49 (0)69 286070
Fax: +49 (0)69 28607777
Email: H3682@accor.com

Hotel all seasons Frankfurt City
Moselstrasse 12, 60329 Frankfurt am Main
Fon: +49 (0)69 256110
Fax: +49 (0)69 235987
Email: H7561@accor.com

Mehr Accor Hotels im Internet/Plus d'hôtels Accor sur Internet http://www.accorhotels.com

Anhang – Annexe

❯ Deutsch-französische Kontakte in Straßburg/im Elsass – Des contacts franco-allemands à Strasbourg/en Alsace

INFOBEST PAMINA

Netzwerk der Informations- und Beratungsstellen für grenzüberschreitende Fragen am Oberrhein

Réseau des instances d'information et de conseil sur les questions transfrontalières du Rhin supérieur

Ancienne Douane
2 rue du général Mittelhauser, F-67630 Lauterbourg
Fon/F: +33 (0) 3 68 33 88 00,
Fon/DE: +49 (0) 7277/ 8 999 00
Email: infobest@eurodistrict-regio-pamina.eu
Web: http://www.infobest.eu/de/infobest-pamina/

INFOBEST Kehl-Strasbourg

Rehfusplatz 11, D-77694 Kehl am Rhein
Fon/F:+33 (0)3 88 76 68 98,
Fon/DE:.+49 (0) 7851/ 94 79 0
Fax: +49 (0)7851 94 79 10
Email: kehl-strasbourg@infobest.eu
Web: www.infobest.eu/de/contact03-de/

Generalkonsulat der Bundesrepublik Deutschland Straßburg
Consulat Général de la République Fédérale d'Allemagne Strasbourg

6, Quai Mullenheim, F-67000 Straßburg
Fon: + 33 (0)3 88 24 6 -700 (Zentrale)
Fax: + 33 (0)3 88 75 79 82
Adresse postale:
Web: http://www.allemagne.diplo.de/Vertretung/frankreich/fr/04-07-consulats/07-gk-strassburg/00-gk-strassburg-hbseite.html

Deutsch-Französischer Wirtschaftsclub Oberrhein
Club d'Affaires Franco-Allemand du Rhin Superieur - Oberrhein

7 Rue des Corroyeurs, F-67200 Strasbourg
Fon: +33 (0)3 88 30 11 11
Fax: +33 (0)3 88 29 97 87
E-Mail: secretariat@cafa-rso.com
Web: www.cafa-rso.org

Euro-Regio-Club

http://www.euro-regio-club.eu

❯ Deutsch-französische Kontakte in Lyon – Des contacts franco-allemands à Lyon

Generalkonsulat der Bundesrepublik Deutschland Lyon

33, boulevard des Belges, 69006 Lyon
Fon: +33 (0)4 72 69 98 98, Fax: +33 (0)4 72 43 06 94
Adresse postale
33, boulevard des Belges
69458 Lyon Cedex 06
Web: http://www.allemagne.diplo.de/Vertretung/frankreich/de/05-gk-lyon/01-adresse/00-adresse-seite.html

WirtschaftsKlub Rhône-Alpes
Club d'Affaires Franco-Allemand

World Trade Center ● B.P. 2041 ●
F 69226 Lyon-CEDEX 02
Email: wkra@wkra.net
Web: www.wkra.net

RA Christophe Radtke

Delegierter Region Rhône-Alpes
der Deutsch-Französischen Industrie-und Handelskammer
c/o LAMY & Associés
40, rue de Bonnel, F-69484 Lyon
Fon:+33 (0)4 78621400, Fax:+33 (0)4 78621499
Email: christoph.martin.radtke@lamy-associes.com
Web: www.lamy-associes.com

Groupe Franco-Allemand Rhône Alpes
Groupe fr-alld / D-F Austauschgruppe
Soutenu par / unterstützt von http://www.
connexion-emploi.com
 http://www.eurojob-consulting.com/

Plattform für deutsch-französische Kunst
Plateforme de la jeune création franco-
allemande
165 avenue de Saxe, F-69003 Lyon
Fon: +33 (0)4 78 628 942, Cell: +33 661 305 367
Email: info@plateforme-plattform.org
Web: www.plateforme-plattform.org

AFASP-Kontakt, Jugendstammtisch Lyon
Mohammed RHAZI-JERNITI, Dominique
SOCHI
lyon@afasp.net

❯ Deutsch-französische Kontakte in Aquitainien – Des contacts franco-allemands en Aquitaine

Regionalpartnerschaft Hessen-Aquitaine
Partenariat régional Hesse-Aquitaine

**Regionalrat von Aquitanien/Conseil régional
d'Aquitaine -**
 Europaabteilung/Département Européene
Maren Thomas
Vertreterin des Landes Hessen/Représentan-
te du Land de Hesse
Détachée d'Allemagne/Délégation Europe

14, rue François de Sourdis, F-33077 Bordeaux Cedex
Fon: +33 (0)5 56 56 38 24
Email: maren.thomas@aquitaine.fr
www.hessen.aquitaine.fr

**Generalkonsulat der Bundesrepublik
Deutschland Bordeaux**
**Consulat Général de la République Fédérale
d'AllemagneBordeaux**
377 boulevard du Président Wilson, 33200
BORDEAUX-Caudéran
Fon: +33 (0)5 56 17 12 22
Fax: +33 (0)5 56 42 32 65 und
+49 (0)30 1817 67237

Email: info@bord.auswaertiges-amt.de
Postadresse/Adresse postale
B.P. 10226, 33021 Bordeaux Cedex
Web:www.allemagne.diplo.de/Vertretung/
frankreich/de/04-gk-bordeaux/01-adresse/00-
adresse-seite.html

CAFABA
Deutsch-Französischer Wirtschaftsclub
Boreaux-Aquitaine
Club d'affaires franco-allemand Bordeaux-
Aquitaine
c/o MOONDA: 3, Place du Palais, 33 000
Bordeaux
Fon: +33 (0)5 56 51 94 21
Email: info@cafa-bordeaux-aquitaine.com
www.de.cafa-bordeaux-aquitaine.com/

BiFA
Deutsch-Französische Bibliothek
Bibliothèque franco-allemande
c/o Goethe-Institut Bordeaux
35, cours de Verdun, F-33000 Bordeaux
Fon. +33 (0) 56 48 42 65
Email: bifa@u-bordeaux3.fr

❯ Deutsch-französische Kontakte in Paris –Des contacts franco-allemands à Paris

Botschaft der Bundesrepublik Deutschland
**Ambassade de la République fédérale
d'Allemagne**
13/15 avenue Franklin D. Roosevelt
75008 Paris
Fon: +33 (0)1 53 83 45 00 (section juridique et
consulaire: 01 53 64 76 70)
Web: www.allemagne.diplo.de

Club Economique Franco-Allemand
155 boulevard Haussmann
75008 - Paris
Fon: +33 (0)1 43 59 75 08, +33 (0)1 45 63 93 59
Web: club-economique-franco-allemand.org

Bildquellen/Sources des photos

Inserenten

Verlag /Publishing House

The Frankfurt City International Series

The Economy and Culture Series

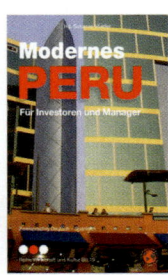

Cross-Culture Publishing, Dr. Susanne Mueller
Bettinastrasse 30, DE-60325 Frankfurt am Main
Fon: +49 (0)69 173 204 220
Fax: +49 (0)69 173 204 229
Email: mail@cc-publishing.com
Web: www.cc-publishing.com

...understanding cultures

Teil 10

Hotels

Partie 10

Hôtels